「地方創生」への
まちづくり・ひとづくり

袖井孝子
［編著］

佐藤 滋／木村清一／高橋英與
辻 利夫／澤岡詩野／戸田達喜
［著］

ミネルヴァ書房

はじめに

いま日本の社会は過疎高齢化や人間関係の希薄化によって、都市農村を問わず、ほとんどの地域でその活力が失われてきています。政府が進めようとしている地方創生の狙いは、そうした衰退化傾向に歯止めをかけることにあります。

地方創生の流れにのって、多くの自治体が、まちづくりや地域おこしにとりかかっています。しかし、住民のニーズを正確に把握して、明確なビジョンを描き、行政、民間企業、住民団体などが協働して、地域社会の再構築にあたろうとしているところは、残念ながらそれほど多くはありません。

本書『「地方創生」へのまちづくり・ひとづくり』の目的は、住民が安心し、充実した暮らしを営めるようなまちを創り出すための知識や情報を伝え、住民と〝同じ目線〟に立って、地域社会が抱える課題解決に取り組み、最期まで安心して暮らせるコミュニティの実現を図ることのできる人材を育成することにあります。

行政やデベロッパーが主導するのではなく、住民が主体となって暮らしやすいまちづくりを可能にするうえで、本書がいささかなりともお役に立てることを願っております。

本書が出来上がるまでには、たくさんの方々のお世話になりました。とりわけ巻末の資料収集にあたった早稲田大学創造理工学部助教の白木理恵子さん、貴重な情報を提供してくださった一般社団法人コミュニティネットワーク協会の近山恵子さんと芳地隆之さん、そして編集作業を担当してくださったミズ総合企画の望月幸代さんには、心からお礼を申し上げます。

2016年夏

袖井孝子

「地方創生」へのまちづくり・ひとづくり ◆◆ もくじ ◆◆

編集協力／（株）ミズ総合企画

序章

地方創生のためのまちづくり

袖井 孝子
お茶の水女子大学名誉教授
コミュニティネットワーク協会会長

1　地方のためにまちを元気にしよう

◉高齢者を地方に移住しようという考え方

「東京一極集中を改めて地方を元気にしよう」という声は、これまでにも何度かあがりました。田中角栄元首相の「日本列島改造論」（１９７２年）もその１つといっていいでしょう。高速道路をつくり、新幹線を走らせることで地方の経済を活性化させようとしましたが、交通が便利になったおかげで、かえって人々が都会に向かうことになりました。

国の機関の地方への転出や大学の都心から郊外への移転も試みられましたが、いずれもあまり成功したとはいえません。最近では、都心に高層ビルを建てたり、既存のビルを購入して、都心に回帰する大学が増えています。

地方創生の一環として、高齢者の地方移住が政策として取り上げられるようになったのは、今回が初めてではないでしょうか。その背景としては、何よりも首都圏の高齢化に対する危機意識が高まったことにあります。人口の高齢化といえば、これまでは地方における過疎高齢化の問題でした。自治体の中には、すでに高齢化率が４割、５割に達し、医療保険・介護保険財政の逼迫や買い物難民の増加が指摘されてきました。

しかし、今後は都市部における高齢化が深刻化することが明らかです。とりわけ、高度経済成長期に農村から都市へと移動した団塊の世代を中心とする労働者たちが後期高齢期を迎える2025年ごろが高齢化のピークであり、いわゆる「2025年問題」がクローズアップされるようになりました。

昔に比べると今の高齢者は心身ともに「若い」といわれますが、さすがに75歳を過ぎると、身体のあちこちに不具合が出てきます。増大する医療・介護ニーズにどのように対処するかが大きな課題になりました。そうしたニーズに応えるためには、医療・介護サービスの拡充が不可欠です。しかし、地価が高く、人件費の高い都心では、介護施設を増やすことも、介護人材を集めることも困難です。そこで考えられたのが、高齢者の一部に地方へ移住してもらうというアイデアでした。

●――「東京圏」における高齢化の危機

高齢者の地方移住が、マスメディアに取り上げられるようになった直接の契機は、2014年11月に公布されたまち・ひと・しごと創生法に基づいて2015年2月、内閣府の「まち・ひと・しごと創生本部」に日本版CCRC構想有識者会議が設けられ、首都圏における高齢化問題への対策が議論されるようになったことと、同年6月に民間の研究機関である日本創成会議（座長・増田寛也元総務相）から「東京圏危機回避戦略」が提言されたことにあります。

２０１４年に日本創成会議は、20～39歳の出産可能年齢の女性が減少する自治体は２０４０年までに消滅するという予測を公表し、消滅可能な市区町村８９６の名前を具体的にあげたことで、センセーションを巻き起こしました（増田寛也編著『地方消滅』中公新書、２０１４年）。続いて公表したのは、東京における高齢化の危機を訴え、介護破綻を解消するための方策として高齢者の地方への移住をすすめることでした。

日本創成会議の報告によると、東京圏（東京、神奈川、千葉、埼玉の1都3県）における高齢化の状況を見ると、75歳以上の後期高齢者の増加率は、埼玉、千葉、神奈川の順であり、増加する人口数では、東京都がトップを占めています。日本全体では、後期高齢者が２０１５年の１６４６万人から２０２５年には２１７９万人へと５３３万人の増加です。そのうち、東京圏の後期高齢者は、２０１５年の３９７万人から２０２５年の５７２万人へと１７５万人増え、全国の増加数の3分の1を占めます（増田寛也編著『東京消滅』中公新書、２０１５年）。

「東京圏」における高齢化の進展は、高度経済成長期に地方から移住した人々が、比較的地価の安い郊外や近県に住宅を構え、そのまま老いていった結果です。高島平団地や多摩ニュータウンに見られるように、大規模団地にはいっせいに若夫婦が入居し、いっせいに子どもを産み、その子どもたちが成長して家を出ていってしまった結果、高齢者が取り残されることになりました。

子どもが増えた時代には、保育園や小学校が増設されましたが、今ではその多くが統廃合され、中には高齢者施設に転用されたところもあります。もともと大規模団地は、高齢者が介護施設に移ったり、亡くなったりした後には、若い人が移り住んで世代交代することが想定されていました。

しかし、バブル崩壊と人口減少によって、都心の賃貸マンションの家賃が下がったこと、若い世代は家を所有することにあまり関心がないため、あえて通勤に不便な郊外で暮らしたいとは思わないことなどが、若者を都心に引き寄せ、郊外地の高齢化を招くことになりました。

●東京都心部では後期高齢者が6割ほど増える

高齢化の進展は、必然的に医療や介護への需要を高めます。日本創成会議のメンバーである高橋泰・国際医療福祉大学教授によると、東京周辺地域では、人口10万人当たりの病院勤務医数がもっとも少なくなっています。この地域が、これまで少ない医師（医療供給体制）でやってこられたのは、この地域の住民が団塊の世代を中心とする比較的若い世代で、病気になる人の割合が低かったこと、住民の多くが東京に通勤し、東京の病院を利用してきたからであり、団塊の世代が後期高齢期に達するころには、地元の医療機関に殺到することが予想されます。

また、２０１０年から40年にかけて、後期高齢者が平均６割程度増加する東京都心部では、高齢者施設が圧倒的に不足します。現在は、23区の不足分は、多摩地域、神奈川県、埼玉県および茨城県でカバーしていますが、25年になると、それらの地域の高齢化が進み、不足分をカバーする余力はなくなります（２０１５年４月24日、日本版ＣＣＲＣ構想有識者会議提出資料）。

地価も人件費もきわめて高い東京圏において、医療・介護体制を拡充することは、かなり困難といっていいでしょう。とりわけ医療・介護人材の不足は深刻です。東京都高齢者福祉施設協議会が２０１４年12月に加盟法人が運営する特別養護老人ホーム（特養）４４５施設を対象に調査したところ、回答のあった４０５施設のうち、職員が定数に満たないところが１４５施設にのぼっていました。職員不足のため、部屋が空いていても新たな入所者を受け入れられない特養が９施設あり、このうち３施設では10～40室を閉鎖していました（２０１５年1月5日付『朝日新聞』朝刊）。

高橋泰教授は、全国を３４４地域に分け、医療と介護の「余力」を評価しています。医療は車で1時間以内に行ける急性期病院の住民1人当たりの利用可能性を、介護については２０４０年時点の介護需要を満たすかで判定し、41地域が「余力」があるとして、具体的な自治体名をあげています（前掲12ページ『東京消滅』）。その多くは、北海道や四国・九州など西日本に偏在しており、「縁もゆかりもない地方に、介護、医療が充実しているから行くというシナリオはピンと来ない」（黒岩祐次・神奈川県知事）という批判もあります（２０１５年6月5日付『朝日新聞』朝刊）。

2 高齢者の移住がもたらすインパクト

◉──「生涯活躍のまち」構想でアクティブに

日本創成会議の提言については、「姥捨て」ではないかとか、「経済成長期に利用した労働力が高齢化したからといって追い出すのか」などの批判が寄せられました。また、医療や介護の「余力」があるとして具体的に名前のあげられた自治体では、「介護のために移住して来られるのは困る」という声もありました。

こうした批判に応えるために、日本版CCRC構想有識者会議の「生涯活躍のまち」構想最終報告（2015年12月）では、その冒頭で、「生涯活躍のまち」構想は、「東京圏をはじめとする地域の高齢者が、希望に応じて地方や〝まちなか〟に移り住み、地域住民や多世代と交流しながら健康でアクティブな生活を送り、必要に応じて医療・介護を受けることができるような地域づくり」をめざすものである、と述べています。

アメリカの退職者コミュニティであるCCRC（Continuing Care Retirement Community）という言葉が、何だかよくわからないという批判があったために、「生涯活躍のまち」という言葉が選ばれました。有識者会議の委員である私自身は、「生涯安心のまち」を提案したのですが、「活躍」という言葉がお好きな安倍晋三首相の意向を反映したのか、「生涯活躍のまち」になってしまいました。

この構想は、要介護ではない、元気な高齢者が自分の意思に基づいて移住し、地域社会の一員として新しいまちづくりに参画していくことで地域社会が活性化することが目的なのです。とはいえ、その根底には、東京圏の高齢化問題の解決という狙いが潜んでいることは否定できません。

高齢期に住居を移す人は、これまでにも少なくありませんでした。その多くは、介護施設への移住や子どもの家に引き取られるというケースが大部分でした。しかし、元気で、ある程度お金があり、新しい生活への意欲をもつ高齢者の移住を国の政策として推進するというのは、初めての試みではないでしょうか。いわば壮大な社会実験でもあり、その効果については、プラスの面とマイナスの面があります。移住のもたらすインパクトについて、さまざまな角度から考察してみましょう。

地方移住を決める前に考えておくこと

内閣府「東京在住者の今後の移住に関する意向調査」（2014年8月）によると、東京在住の50代男性の50・8％、女性の34・2％、60代男性の36・7％、女性の28・3％が、「移住する予定または検討したい」と答えています。東京圏に比べ地方では生活費が安いこと、自然環境に恵まれていること、介護施設が充実していることなどが、セカンドライフを地方で送りたいという意向につながっているようです。

しかし、地方への移住にはさまざまな困難が伴うことにも要注意です。男性に比べ女性に移住意欲が低いのは、買い物や近所との付き合いなど日常生活における諸問題への懸念があるようです。「男はロマン、女はガマン」といわれますが、定年後は、のんびり晴耕雨読、釣りにゴルフに写真撮影と夢を追いかけている男性に比べ、掃除、洗濯、食事の支度はどうするのかと、まず考えるのが女性です。豆腐一丁買うにも車がなければままならない、地域の行事や共同作業への参加が義務づけられることなどが、地方への移住をためらわせます。そうしたことに、男性はあまり頭が回らないのではないでしょうか。地方移住を決める前に、気をつけることとして、以下の諸点をあげておきます。

①何を求めて移住するのか

漠然とした夢ではなく、農業をしたい、陶芸をしたい、絵を描きたいなど、できるだけ具体的な将来図を描くことが必要です。

②あなたの価値観やライフスタイルに合った暮らしが実現可能か

静かな田舎暮らしに憧れて移住したけれど、あまりにも刺激に乏しくて都会に舞い戻るというケースもあります。「住まいはライフスタイル」なのですから、自分のこれまでの生き方を総点検し、もっとも自分に合った住環境を選択しましょう。

③配偶者との合意は得られているのか

男性に比べ地域の人間関係が濃密な女性の場合には、新しい土地に移り住むことに抵抗があるようです。夫は地方に移住し、妻は都会に留まるという2地域居住を実践している夫婦も少なくありません。２人で十分話し合って、適切な合意点に達するようにしてください。

④子どもは納得しているのか

子どもよりも、自分（たち）の意思を貫徹したいという高齢者が増えていますが、遠方の地に移住する場合には、いざという時に駆けつけられないかもしれないということを親と子の間で納得しておくことが必要です。

⑤田舎暮らしは必ずしも安くはない

日常的な生活費は、地方のほうが安いかもしれませんが、車や暖房費に思いがけない費用がかかります。空き家を利用する場合には、たとえ家賃は安くとも、リフォーム代に多額の費用がかかることもあります。

⑥医療・介護サービスは得られるのか

介護施設には入りやすいかもしれませんが、地域によっては、必ずしも在宅介護サービスや医療サービスが十分に得られません。たとえ施設に入れたとしても、交通が不便なために、配偶者の一方が通うのに難渋することもあります。高度医療を受けられる病院が近くにない場合には、発病を契機に都市に舞い戻るというケースもみられます。

⑦配偶者との死別後の生活をどうするのか

平均寿命の男女差に加えて、通常は妻のほうが夫よりも年下である場合が多いため、配偶者と死別する確率は女性のほうがはるかに高い。夫婦とも同じ出身地であれば、地域への適応はそれほど難しくはありませんが、夫の出身地に移住した場合、親族や近隣との関係調整に苦労することもあります。夫と死別した後、相続問題でもめるということもありうるでしょう。私としては、妻の出身地への移住をおすすめします。もちろん、妻の親族との関係調整に夫が苦労することもありえますが、一般に口うるさい小母さま族も、男性には甘いようです。

若い時と違って、高齢期における住まいの変更は、やり直しがきかないので、時間をかけて慎重に準備することが必要です（袖井孝子監修『セカンドライフのための住み替えQ

&A』ミネルヴァ書房、2011年）。情報を集め、すでに移住している人たちの意見や感想を聞き、お試し居住を繰り返して納得したうえで、移住することをおすすめします。

3　計画段階から住民参加のまちづくり

●受け入れ自治体にとって

健康である程度お金があり、知識や経験を備えた高齢者が移住してくることは、自治体にとっても魅力があります。移住した高齢者が消費し、就労し、社会参加することで、地域の活性化を図ることもできます。高齢者の地方移住を推進するために新たな交付金が設けられたことも、自治体の動きを加速しており、2015年末現在、263の自治体が検討を開始していました。

地方創生に関する政府の交付金を受けた32市町村に対して毎日新聞社が実施した調査（2015年11月下旬～12月初旬）によると、受け入れ人数をかためていた15市町の合計人数は3500人。その内訳は、1000人（栃木県那須町）から数十人（青森県弘前市、福岡県小竹町）までさまざまです（2015年12月9日付『毎日新聞』朝刊）。

新しい住民が加わることによって税収が増え、地域活動に参加し、多世代交流を図ることで地域が活性化します。しかし、移住してきた人々がうまく地域に溶け込むことができない場合には、住民との間に軋轢や葛藤を生じさせる恐れがあります。過去において、有料老人ホームが地域から孤立しがちであったのは、経営者、居住者ともに地域に溶け込む努力をしなかったためです。住民から冷たい目で見られ、時には迷惑施設とみなされることもありました。

新たに移住してきた人と地域との関係を調整するには、調整機能を果たすコーディネーターが必要です。コーディネーターには、自治体や社会福祉協議会の職員、自治会・町内会の役員、ＮＰＯ関係者などが考えられます。

「生涯活躍のまち」構想では、自治体に大きな期待が寄せられており、それに応えるには、かなりの能力と覚悟が必要です。従来の交付金は、政府によってその使途が定められていましたが、「生涯活躍のまち」構想では、自治体による創造的な発想が求められます。自治体は、「生涯活躍のまち基本計画」（仮称）を策定し、適切な事業者を選定し、関係事業者と協力しながら事業化に取り組むことになっています。自治体には、事業の継続可能性や地域への効果などについて、関係事業者のみでなく、教育・研究機関、地域の金融機関、商工業者、住民などの意見に耳を傾け、検討することが求められています。有料老人ホームが、倒産や経営者の交代によって、居住者を不安に陥れ、サービスが低下したという苦い経験を繰り返さないためにも、事業の継続性の確保が不可欠であり、自治体は十分にその責任を果たさねばなりません。

現在、高齢者を受け入れようとしている自治体の多くは、交付金が目当てであり、できることならば若い世代に移り住んでもらいたいというのが本音ではないでしょうか。高齢者がいきいきと活躍しているまちは、若者にとっても魅力があります。実際、葉っぱビジネスで有名な徳島県の上勝町や芋焼酎で名高い鹿児島県のやねだん（鹿屋市串良町柳谷集落）には、若者の移住者も増えています。

働くことが生きがいの日本人にとっては、就労機会の確保が欠かせません。幸いＩＣＴ（情報通信技術）を使えば、都会に住まなくとも仕事をすることが可能です。情報環境を整えることも、自治体に課せられた課題といっていいでしょう。

魅力あるまちづくりをすることで、あらゆる世代を呼び込むことができます。あらゆる世代が、それぞれの能力とニーズに応じて活躍できるまちを実現することが期待されます。それに加えて、自治体には、その魅力を発信していくことも欠かせません。地元の人にとっては当たり前の風景も、都会人には魅力的ということも少なくありません。時には、まったく別の視点から地域を見直し、その魅力を発見し、積極的に外部に発信していくことをおすすめします。

◉——事業者にとって

「生涯活躍のまち」づくりを中心になってリードするのは自治体ですが、実際に建物をつくり、その運営にあたるのは企業、社会福祉法人、医療法人、一般社団および一般財団法人、ＮＰＯなどの民間団体です。これまでのところ有料老人ホームやサービス付き高齢者向け住宅は、民間企業が自治体や住民と連携を取ることなく、勝手に建物をつくり、入居者を募集し、管理にあたってきました。そうした住居が、地域から孤立するだけでなく、地域住民からの反感を招いたのは、地域との関係調整への努力が欠けていたからです。

事業者は、地域におけるステークホルダー（行政、自治会・町内会、商工会、医師会、ＮＰＯなど）と十分に話し合い、合意を形成したうえで、事業にとりかかることが必要です。とりわけ住民との間に合意を形成することは不可欠であり、失敗した場合には、移り住んできた人々が地域に溶け込むことを阻害する恐れがあります。合意形成においては、コーディネーターやファシリテーターの役を務める人材が必要です。こうした人材には、地域の実情に詳しく、しかもあまり利害関係のないＮＰＯのメンバーや教育・研究機関の職員などが適任かもしれません。

今日、地方創生のための交付金目当てに、新しいビジネスチャンスとばかりに、不動産業者や建設会社が色めき立っています。しかし、まちづくりは息の長い仕事であり、短期間に投資した金が回収できるわけではありません。

株式会社コミュニティネットは「ゆいま〜る」と名付ける高齢者の住まい（サービス付き高齢者向け住宅や有料老人ホーム）を提供しています（3章参照）。「ゆいま〜る」の特徴は、入居予定者と徹底的に話し合い、そのニーズを把握し、できるだけニーズに沿ったかたちで住宅のデザインやサービス内容を決めていることです。「ゆいま〜る那須（サービス付き高齢者向け住宅）」がオープンするまでの経過は次のようになっています。

2007年7月　「那須プロジェクト実行委員会」スタート
2008年6月　情報を掲載した「那須通信」発行開始
7月　現地見学会スタート
8月　設計コンペを開催
2009年2月　「那須で暮らしを考える会」スタート
9月　「ゆいま〜る那須友の会」および部会スタート
2010年11月　第1期「ゆいま〜る那須」オープン
2012年1月　第2期「ゆいま〜る那須」オープン

じつに3年間にわたって、何度も説明会や講演会を開催し、入居予定者によるワークショップを重ね、オープンな話し合いによって食費、管理費、サービス内容などに関する合意形成を図ってきました。こうした経過をたどることによって、入居予定者の間にコミュニティ意識を形成することができ、入居後の生活をスムーズに開始することができたように思われます。

新しいまちをつくり、地域を活性化させることこそが目的であり、事業者にとって最大の報酬は、金よりも、そこに住まう人たちの満足感と感謝の気持ちであることを認識してほしいものです。

◉──地域住民にとって

まちづくりによって最大の利益を得るのは、地域住民です。第二の人生をこれまでとは違った環境で新しいことにチャレンジしたいと考えている高齢者、あるいはこれから働いて家庭を築こうとしている若者たちが移り住むことによって、地域に活力を取り戻すことが可能です。働いて税金や社会保険料を納める人口が増えれば、自治体の財政の安定化にもつながります。若者が移り住むことによって、人口の高齢化に歯止めをかけることもできるでしょう。

これまで、伝統的な日本の地域社会では、よそ者を受け入れないという傾向が見られました。たしかに、価値観もライフスタイルも異なる人が移り住むことは、地域社会に不協和音を生じさせる恐れがあります。有料老人ホームや高齢者住宅の多くが、地域から孤立しがちであったのは、移住者と地域住民との間に圧倒的に対話が欠けていたからです。

過疎高齢化によって地域社会が崩壊の危機に瀕している今日、従来の住民だけで暮らしを支えつづけるのは困難です。移住者と地域住民との協働作業を通じて、新しいコミュニティを形成することが望まれます。時には、よそ者のもつ斬新なアイデアが、疲弊した地域に新しい風を吹き込むこともあるでしょう。

これまでのまちづくりは、行政や企業が先導して創り上げるものが大部分でした。しかし、これからのまちづくりは、計画段階から住民が参加し、住民が主体になって実施することが必要です。

●本書の狙い

本書の目的は、住民主体のまちづくりのためのノウハウを伝えることです。これまでのまちづくりは、しばしば住民を置き去りにして、行政や企業が企画し、創り上げてきたケースが少なくありませんでした。しかし、これからのまちづくりは、住民が主人公です。

企画段階から移住予定者と地域住民とが十分な話し合いを通じて共通理解に達し、できるだけ双方が満足できるような win-win の関係を創り出すことが必要です。

本書では、これからまちづくりに着手したいと思っている自治体、企業、ＮＰＯ、そして市民たちに、よりよい地域社会を創り出すための知識や情報を伝えることを狙いとしています。

本書は、序章に続き、1章では、高度経済成長による居住環境の悪化の中から立ち上がった住民たちの活動が、時代とともにどのような変遷をたどってきたのかを明らかにし、その将来を展望します。2章では、東京の通勤圏である千葉県柏市の事例を中心にまちづくりにおいて行政と手を組むにはどうしたらよいのか、その秘訣が語られます。3章では、大規模なデベロッパーではなく小さな企業が、どのようにして住民主体のまちづくりをしてきたのかを描き出しています。4章では、ＮＰＯが手掛けたまちづくりの実践例を紹介し、市民の自発性に基づくまちづくりの特徴を明らかにしています。5章では、都市住民の自発的な意思に基づいて始められた小規模なコミュニティづくりを紹介し、日本の高齢者の社会参加の特徴について考察しています。

住民参加型のまちづくりには、何よりも住民自身の意識変革が必要です。しかし、いかに熱意や意欲があろうとも、資金なしにまちづくりに着手することはできません。6章では、地方創生に関連する国の予算の紹介に続き、具体的にどこからどのようにして資金を獲得するのかが述べられています。そして終章では、まちづくりに欠かせない人材をいかに育て上げるのかを取り上げます。住民参加型まちづくりに応用できる方法の1つとしてアクションリサーチを紹介し、アクションリサーチャーと共通する資質と能力が求められる「地域プロデューサー」について説明します。

現在の日本社会には地方創生という風が吹いています。この風がいつまで続くのかわかりませんが、まちづくりは息の長い仕事です。政府からの援助の有無にかかわらず、今後も住民主体のまちづくりを続けていくための参考にしていただきたく思います。

1章

まちづくりのこれまで・これから

佐藤 滋
早稲田大学理工学術院教授

1　まちづくりとは何か

まちづくりのあり方を考える

さて、ひとことで「まちづくり」といっても多様です。既存のまちを住民が主体となって行政などの支援を受けながら徐々に向上してゆくというのが、一般的なまちづくりの意味です。

これから、さまざまな場所でまちづくりに取り組む方々に、まちづくりのあり方を考え、理解していただくことが本章の目的です。私がこれまでに積み上げてきた経験や技術を紹介し、今日のまちづくりの課題を総括して、「これからのまちづくり」について述べることにします。

まちづくりといってもその対象はさまざまです。

たとえば、コミュニティづくりや地域活性化などソフトな内容が強いものから、公園づくりや歴史的な町並みの回復や高齢者のための施設づくりを核にするまちづくりなど、公共空間のデザインや建築に直接かかわるまちづくりもあります。

さらに、広く地域社会全体のまちづくりを進める場合でも、既存の居住環境を保全、修復、改善、あるいは改造するなど、現状にどのように働きかけるか、すなわち介入の度合いによってさまざまなまちづくりの方法が存在します。

まったく新しいまちを、居住予定者が力を合わせて住宅地やコミュニティを創り上げる「まちづくり」もあります。これと同様にまちづくりの対象になる「まち」にはさまざまなものがあり、住宅を中心とした「まち」でも、十分な敷地をもった戸建て住宅中心の地域から、共同住宅や商店も混在して建て詰まったいわゆる「木造密集市街地」、あるいは集合住宅団地などさまざまです。

ですから、まちづくりといっても、さまざまですが、これまでの積み重ねの中から、共通する考え方や、方法や仕組みや技術が組み立てられています。

ここでは、まず、まちづくりが生まれ育ってきた経緯について述べ、そのあとで、具体的なまちづくりの方法を述べます。しかし、紙幅の関係から、概要を述べるにとどまらざるをえませんが、その都度、示した参考文献などを参照して、事例を研究して、まちづくりの蓄積を理解し、それぞれのまちづくりを考え実践する糧にしていただきたいと思います。

◉──地域活動としてのまちづくりの展開

さて、まちづくりという言葉は世の中に氾濫しています。

東京駅周辺の日本のトップ企業が社会貢献をめざしてＮＰＯを設立し、大規模な都市改造とともに上質な都市空間や楽しみの機会を市民に提供する活動もまちづくりだし、企業による大規模な団地開発にも使われます。

これらは、もともとは都市開発という言葉が使われていたのが、地域のさまざまな力をボトムアップで組み立てながら総合的に地域社会を育てつくるという意味で、たんなる都市開発ではなく、まちづくりの精神や方法を適応するという意味であり、広い意味でのまちづくりであるといえるでしょう。

しかし、まちづくりの本質は個々の住民や地権者が主体的に参画して、その生活環境、居住環境を向上させる総合的な活動のことであり、狭義には住まいやコミュニティ施設などの物的環境整備にかかわることをいいます。わが国の都市環境は多かれ少なかれ、物的な居住環境はさまざまな問題を抱えていて、まちづくりの成果を達成するためには、ソフト・ハード両面からの活動が必要です。

まちづくりは、戦後の高度経済成長期にもたらされたさまざまな居住地の問題、たとえば、住環境や環境保全などの差し迫った課題を、地域社会の内部の力を基礎に、解決しようとして生まれてきました。このことは多かれ少なかれ、先進国に共通する問題であり、画一的な上からの都市計画を見直す動きとして、さまざまな形で生まれています。

ただ、日本においては、他の西欧先進国と比べるとより広範な、総合的な地域活動として「まちづくり」が、展開してきたといえます。

◉まちづくりには参画者の意志と志が大事

すなわち、このようなまちづくり活動が勃興したのは、日本では高度経済成長のひずみが、公害という言葉に象徴されるように地域社会の身近な環境を圧迫し、これに地域住民が抵抗したり、みずからその問題解決のための活動を専門家とともに始めたり、そして一部の先進自治体が行政としても取り組むなどして始まりました。

スラムといわれるような住環境の劣悪な地域は、戦後の経済発展とともに徐々に解消していましたが、その代わりに東京の下町に代表されるような高密度な木造密集市街地が形成されていました。このような地域だけではなくもともとの住環境に恵まれた一戸建て住宅地域でも、庭先アパートが造られ、大きな住宅の跡地が分割されてミニ戸建て住宅になったりして、居住環境や防災の問題が深刻になりました。

そして、一般の住宅地でも交通公害や高層マンションによる日照阻害などの問題が次々に起こりました。また歴史的な町並みの破壊も問題になり、一方、農村地域では経済活力が低下して、まちおこし、地域おこしが課題となってきました。

これに対処するために、地域の内側からの活力と住民の主体的活動を基盤として、専門家や行政が協働するまちづくりが、その計画を検討し実行する過程に、地域住民が総参加する民主的な方法として模索されたのです。

まちづくりとは、これまでの実践の成果も織り込んで以下のように定義できます。

すなわち、「まちづくりとは、地域社会の多様な主体が協働し、歴史文化、自然、人材など、地域資源を最大限に活かして、専門家や自治体と連携して、漸進的に居住環境の改善を進める一連の活動の総体」と定義します。

一般には、広く「まち」と呼ぶことができる市街地や集落で、その環境を物的環境だけでなく社会的な環境、コミュニティの質も含めて、居住環境を向上することですが、表面的なことより、このような内容を実現しようとしてまちづくりに参加する住民や行政専門家の意志（スピリット）や志（こころざし）が右に定義した「まちづくり」の本質とすりあっていることが大事です。

このようなまちづくりの理念と方法がどのように形成されてきたのか、次にその歴史を振り返ります。

2　まちづくりの展開と現在

まちづくり展開の要因は4つ

半世紀に及ぶまちづくりを経た現在、まちづくりをさらに発展させるために、その独自の意味と可能性、さらに課題を明らかにし、共通の認識をもつことが重要です。なぜ日本で、より広範で総合的な活動としての「まちづくり」が展開したかをここでは考えてみましょう。その要因は、以下の4点にまとめられます。

第1に、伝統的にさまざまな住民自治組織が存在し、戦後民主主義政策とも一体化して、コミュニティ運動、公民館運動、町内会・自治会運動、さらには新たな直接参加組織である地区協議会、まちづくり協議会などが、さまざまに発展してきたこと。

第2に、都市計画や環境保全にかかわる民主的な制度化が遅れていて、深刻な公害問題や住環境の悪化に対して、それを補完する活動を地域社会や住民が対抗的に行わざるをえず、これが発展的に「まちづくり」運動に展開したこと。

第3に、官制都市計画とは別に、戦前から柳田邦男の民俗学、今和次郎の考現学、不良住宅地区や被差別部落などでの地域の主体性を基礎とした住環境改善政策・活動など、まちづくりの基本となる思想や方法、政策が継続していたこと。

そして、第4に、1970年代のまちづくりの勃興期から一貫して、深刻な社会問題に対して主体的にかかわる世代が地域社会を基盤に活動して、専門的な人材が育っていったこと。

以上の4点です。

それでは、このようなまちづくりがどのように発展してきたのか、典型的な動きを述べるに留まりますが、現代これから取り組むまちづくりを考えるためには、その歴史を共通理解することは重要ですので次項に概説します。

◉その1——まちづくりの第1世代～住民自治の基礎の再構築とまちづくりの出発

1960年代の後半以降、地域社会は、前に述べたように高度成長のさまざまなひずみから、居住環境の悪化がもたらされたとともに内側からも危機にさらされていました。

これまで伝統的な地域組織がそれなりに役割を果たして自治会や町内会、集落での自治も存在していましたが、これらの組織が伝統的に力をもつ一方で、一部の有力者にコントロールされ、個人主義や核家族をモデルとする戦後世代が台頭する大都市の地域社会とそぐわなくなり、地域がバラバラになりつつありました。

伝統を基礎にしながらもコミュニティ運動や公民館運動など、新しい民主的な地域社会のあり方が模索されていました。

この1970年代から80年代の初めにかけての時期、課題の多い地域の身近な生活環境をみずから点検し改善を図る「コミュニティカルテづくり」などの活動、住環境の劣悪な地域での居住環境改善に関する取り組みが各地で行われました。

これらはいずれも、地域社会の自治と住民の直接参加を基盤に、民主的なボトムアップの、地域の内側からの活動であり、民主的なプロセスを踏むことを重視されました。すなわち住民の直接参加、あるいはもっと進めて主体的な参画を原則として、都市内分権で地域社会の自治として、小学校区か中学校区程度の地域社会として把握しコミュニティとして認識できる程度のまとまりで、総合的なまちづくりに取り組んだのです。

また、一方で、従来の自治体がこのような問題に対応できていないことに対する不満が、東京都の美濃部都政をはじめ、横浜市の飛鳥田市長、習志野市の吉野市長などの革新首長を生みました。

市民の自治行政、まちづくりへの直接参加を進める小学校区や中学校区を単位とした「地区協議会」を設立して、既存の町内会・自治会とは異なるまちづくり組織をつくる動きが各地で起きたのです。

しかし、さまざまな経緯を経て、現在では、ほぼ全世帯が加入している地域の基盤としての「自治会・町内会」と、自由に、まちづくりという具体的な活動を展開する「まちづくり協議会」という、2本立てで、住民自治とまちづくり活動を支える体制が、先進地域ではできあがっています。

神戸市のように、個々の地域で設立されるまちづくり協議会を、条例で位置づけて個別に認定する方法や、事業や具体的なまちづくりプロジェクトに対応して担い手として「まちづくり協議会」を設立する場合、あるいは、新宿区のように公募区民や地域の代表による「地区協議会」を区の出張所、地域センターと対応させて設立し、同じ範囲をカバーする伝統的な地域自治組織「町内会・自治会連合会」と並立させて、役割分担を行っているものもあります。

こうしたまちづくりの取り組みは全国津々浦々で取り組まれましたが、その第1世代のまちづくりの多様性は、1977年に出版されたジュリスト特集『全国まちづくり集覧』(有斐閣) を見れば明らかです。

このようなまちづくりを担う組織形態は、それぞれの自治体の経てきた歴史により多様ですが、ここで大事なのは、日本の場合、町内会・自治会の存在です。

たしかに、町内会はかつて課題も多く抱えていましたが、現在では多くがきわめてモラルの高い住民自治組織となっています。革新自治体の地域会議のモデルになったイタリア・フィレンツェ、ボローニャなどの地区協議会がさほど機能していないのと比べると、日本のまちづくり組織はじつに多様な活動をしていますが、その基盤として地域に根を張った町内会・自治会があることは大きいのです。

神戸市の真野をはじめとする「まちづくり協議会」に見られるように、自治会・町内会とまちづくり協議会が両輪となって、地域社会のまちづくりを支えていますし、東北沿岸部で地域のまちづくりの中核になっている「公民館」や「コミュニティ協議会」なども、多くはこのまちづくりの第1世代に設立されたものです。

「日本では地域住民自治が弱い」という言い方をされることがあります。それは町内会・自治会活動を、戦前の隣組や農村の封建的な体制の延長の前近代的なもので、近代社会のコミュニティとは相いれない存在と考えがちだからです。たしかに戦後の一時期そのようなことが問題であったし、現在もないとはいえないでしょう。1970年のはじめに革新自治体で実験的に取り入れられた「地域会議」や「地区住民協議会」などと呼ばれる組織は、そのような古い体質の「町内会・自治会」に対抗して設けられた側面がありますが、一方で「町内会・自治会」こそ、住民自治を担う広範な組織であり、これを基礎に、学区協議会やコミュニティ協議会、あるいは公民館組織などが設立され、自律的な住民自治組織となっていることを忘れてはいけません。

●総論賛成・各論反対のまちづくり計画

こうしてまちづくりの第1世代は出発しました。

さまざまな課題を地域社会で解決する、しかも住民の総参加を前提として、民主的な手続きを経てまちづくりの方針や計画を合意して、自治体や専門家と協力して実現を図るという方法でした。

まさに理想的な方法ですが、たとえば、防災などで深刻な問題を抱える木造密集市街地地域で、細街路を整備したり住宅の共同化など、居住環境の改善などのまちづくりに取り組もうとすると、地区全体の大枠の方針などに関しては、いわゆる総論賛成。しかし具体的に事業を進めようとすると、地権者の協力がなかなか得られず各論反対ということになり、民主的な手続きでまちづくり計画をつくっても、なかなか実行できないという現実に直面しました。

地区全体で将来の整備をめざしたまちづくり計画を全体として決定して、それから個々の事業に進むという方法は、まだまちづくりの経験が少ないこの段階ではなかなか前に進めない状況がありました。

こうした中で成果を上げた地区には、神戸市の真野地区、東京では墨田区の京島地区、世田谷区の太子堂地区などがあります。これらは、拙著『まちづくりの方法』（日本建築学会編、まちづくり教科書全10巻の第1巻　丸善出版、２０１２年）他、さまざまに紹介されていますので参照してください。

◉その2——モデルと実験の第2世代

こうした中、全体としての計画や合意はともかくとして、必要性の高いところで、できそうなところから手をつける、あるいは利害関係の少ない公共施設やモチベーションが強いテーマに関係者が集って実績を上げる、あるいはソフトなまちづくりで住民参加を実現しようという動きが盛んになります。

地区全体の総合的なまちづくり計画はさておき、取り組みやすいテーマで、賛同者が組織を作り、一点突破でもいいのでテーマ型で、実験的に取り組んでモデルをつくろうとする動きです。

私はこれを、第2世代の「モデルと実験のまちづくり」と呼んでいます。

今では普通になったワークショップやデザインゲームなどが取り組まれ、それを進めるファシリテーターが登場して、アーティストや演劇関係者などもこのような場に参画するなど、まちづくりを楽しみながらの創造的な活動が各地で進みました。このようなまちづくり活動は少しずつ成果を上げ、経験を積み上げ、人材が育ち、多様な「まちづくり」が進みました。

1980年代から90年代の前半、皮肉にもバブル経済と同じ時期にバブル経済による空虚な都市開発とは異なる、地に足のついた活動や経験が地域社会で積み上げられたのです。たとえば、遊び場や公園づくりからその運営に展開していった世田谷区の「冒険遊び場」の活動、上尾市仲町愛宕地区での住みつづけるための共同建て替えの連鎖によるまちづくり、あるいは、長浜市の歴史的市街地での市民と行政の共同出資によるまちづくり会社によるまちの再興などが全国的にもモデルとなりました。

筆者自身は後者の活動にかかわっていて、4棟の共同建て替えが完成してコモンズが連続するまちづくりの成果が現れ、これを関係者で著書にまとめる途中で阪神・淡路大震災は起きたのです。

上尾の事例を中心に、『住み続けるための新まちづくり手法』（鹿島出版会）として、震災のあった1995年の12月に出版しました。多くの関係者により具体的なまちづくり技術や手法（建て替えデザインゲームやまちづくりガイドライン、複雑な権利調整の方法など）が解説されており、阪神・淡路大震災の復興まちづくりなどで参照され、今でも新鮮な内容ですので、参考にしていただけるとありがたいです。また、協働での建て替えなどをゲーム形式でデザインする方法を、さまざまな事例を元に『まちづくりデザイン・ゲーム』（学芸出版）として、2015年に出版しました。

しかし、このようなテーマ別、一点突破的なまちづくりは行政の縦割りと同様な問題を残し、本来、第1世代が取り組もうとした総合的な住環境の改善や地域社会全体での自律的な活動という本質的な問題に関しては、課題を残したままでした。

このように、第2世代の「モデルと実験のまちづくり」が成熟しつつも、課題が明らかになり、次の段階を模索していたところで阪神・淡路大震災は起きました。

◉その3――地域運営をめざす第3世代～阪神・淡路大震災（1995年以降）

こうした状況で起こったのが阪神・淡路大震災でした。

神戸市ではそれまで、独自のまちづくり条例により、住区単位のまちづくりを、市長が認定した「まちづくり協議会」が中心となって取り組むという方法を着実に進めていました。そこには、建築家や都市計画コンサルタントが、地元と一緒にまちづくりに取り組み、まちづくりの専門家が、そして地域と専門家と行政との信頼関係が育っていました。

　このような背景から、神戸市は、このまちづくり協議会をベースに、いわゆる改善型まちづくりだけではなく再開発や区画整理も含めて、復興まちづくりに取り組むことを基本としました。これは神戸市だけではなく、西宮市や芦屋市などでも同様な、神戸モデルともいえる復興まちづくりが進められたのです。

　さらに、このような復興まちづくりに各地からボランティアが集い、思い思いの活動をはじめ、徐々にそれを組織化する動きが現れ、通常の行政やまちづくり活動では対応できない活動を支える社会的組織が登場して、復興まちづくりを支えました。

　そして、その中心に地区の復興まちづくり協議会があって、総合的な復興まちづくりに取り組んだのです。こうした中で、たんに計画をつくったりデザインしたりするだけでなく、みずから事業を興し、あるいは施設を運営するという動きが本格化してきました。

　たとえば、筆者の研究室がかかわった野田北部まちづくり協議会を中心とする復興まちづくり活動は、カソリック鷹取教会を拠点にさまざまな活動組織が生まれ、それらが組織化されて、全体として復興まちづくりをいち早く成就させたのです。

　あるいは、第1世代から先端事例であった、神戸市真野地区のまちづくりは、まさに「まちづくり会社」により、収益を確保しながらさまざまなまちづくり事業を進める方法を模索していた時期でもあって、復興まちづくりのプロセスでさまざまな事業を推進していきました。

すなわち、このような先行事例と地域でのまちづくり協議会の取り組みなどが一体となって、とくに改善型で復興に取り組んだ長田区野田北部地区などにおいては、復興にかかわるさまざまな主体、ボランティアや社会的組織も含めて、地域社会の復興を運営する組織として「復興まちづくり協議会」が役割を果たしました。野田北部地区は区画整理や地区計画、共同建て替え、小規模再開発や協調建て替えなど、多様なまちづくり事業を組み立てて復興をいち早く実現し、そこで育ったまちづくり組織が連携し地域運営の重層的な体制を整えました。

これを私は、まちづくりの第3世代、「地域運営のまちづくり」と呼んでいます。阪神・淡路大震災の復興まちづくりはまさにその先鞭をつけたのです。そして、このような中からＮＰＯ法が制定され、広い意味での非営利のまちづくり組織が勃興したのです。

この第3世代のまちづくりは、70年代に始まった第1世代がめざしていた理念を再生させ、モデルと実験の時代を経て、さまざまな経験と技術、社会的な認知を経て現実になったものといえましょう。

●福祉や住まいづくりからのまちづくり

また、一方で私たち建築・都市計画の分野からまちづくりに接近してきた方向性とは別に、福祉や住まいづくりから新しい生活スタイルを切り開く活動も生まれました。コミュニティや家族が解体される傾向がある中で、同じ思いや生活様式を望む人たちが一緒に住むことや、一緒に住まいづくりをすることを目標として、コレクティブハウジング、コーポラティブハウジング、あるいはコ・ハウジング等という言葉が各地で使われるようになったのです。

1990年代の後半から2000年には、阪神・淡路大震災の経験とNPO法人の制度化、介護保険制度の定着を背景に、住環境整備を中心としたまちづくりと住まいづくりがあって、第3世代のまちづくりの推進力になったのです。

さて、このように、今やまちづくりは地域を総体としてとらえ、しかも行政に提案するだけではなく、みずからまちづくりの主体、ある場合はまちづくり事業の主体となることが必要とされています。

私はこのようにまちづくりの核になり、市民が主体で進める事業を「まちづくり市民事業」と位置づけて、早稲田大学都市・地域研究所が中心となって取り組んだ先進事例やそれをもとにした理論、その推進方法に関して著書にまとめました（『まちづくり市民事業

～新しい公共による地域再生』学芸出版、２０１１年）。

現代社会が抱える問題は、超高齢化、少子化、地域社会の衰退、さらには教育やコミュニティの問題など多岐にわたり複雑に錯綜しています。これらを解くためには市民がみずから主体的に地域社会の問題を中心に活動し、専門家や自治体と協働することでしか、解は見出せないです。その意味で第3世代のまちづくりは、本来の目標いかんにかかわらず、現代の地域社会の問題を解くメインストリームなのです。

3　地域協働のまちづくりを進めるために

◉まちづくりには多様性をつなぐ役割が重要

このようなまちづくり活動が各地で展開されている一方、とくに大都市の市街地では、地域社会の中にもきわめて多様な住民が、バラバラに暮らしているともいえます。地域活動の熱心な町内会や学校のＰＴＡ、あるいは商店会などのグループは地域と強いつながりをもっていますが、それとは無関係に暮らす人たちもいます。

しかし、高齢化が進みさまざまな地域の課題に解を見出すためには、このバラバラな地域社会をもう一度、１つにまとめ上げ組み立て直すことが必要です。それぞれ個性と能力をもった構成員が、うまく組み立てられれば、単一な社会にはない力強さを備えることになります。

現代のかつて経験したことがない人口減少による縮退する社会で、まちづくりは、また新たな使命を期待されているのです。多様な価値観、さまざまな思いがあって、それらが共存する地域社会こそ、困難な課題に多様な解を導くことが可能になるでしょう。このとき、これらの多様性をつなぐ役割が重要になります。

◉その1――協働する、運営する布陣を築く

今日の地域社会において、まちづくりは、多様な活動が組み立てられて進みます。現代社会は多様な主体が併存するとともに、まちづくりの主体も重層的な関係にあり、そのことは地域力となるのです。そのために、地域におけるさまざまな組織形態について理解しておく必要があります。

ここでいう組織形態とは、法人組織などの内部形態を指すのではなく、さまざまな組織や人材が結集する「地域協働の布陣」を組み立てる形態のことです。

しかし、重要なことは地域組織にはそれぞれに明確な使命（ミッション）があり、それに応じた組織形態とともに、運営者や参加者がそのことを共通理解していることが必要です。ここでは4つの形態について述べますが、それぞれに明確な地域協働の体制の中での役割があり使命があり、参加者はそれを共有し、活動をするのです。

その4つの組織形態とは、①ネットワーク、②アリーナ、③プラットフォーム、④パートナーシップの4つです。カタカナばかりですが、新しい概念を明確にするために、言葉にこびりついたイメージをもたれないために、これらの言葉を使っています。

さて、この4つは日常的にはしばしば混同されたり明確な定義や役割を意識しないで用いていることもあり、そのことが、地域に軋轢を生んだりしてしまいます。何か新しい取り組みを具体的に始めるのだと思って集まったら、たんに情報交換の場であったり、情報交換の場と思って参加したら、地域としての決めごとをする決定の場であったりという混乱はしばしば起こります。

それぞれは、次のように説明することができます。

ネットワーク組織

地域の多様な組織や人材が連携し情報交換を行うための場であり、オープンで出入り自由な組織形態で、さまざまなまちづくり活動の基盤となります。明確に組織形態を取ることもあるし、暗黙に地域の中で形成されていることもありますが、重要なのはそのようなネットワークが機能していることです。

アリーナ組織

もともと競技場を表す言葉であり、みんなが一堂に会して物事を決定する場です。行政に対する提言やまちづくり計画の決定などをする「まちづくり協議会」はその典型で、事業に向けての検討やそのための体制づくりなども検討して決定し、次の組織化につなげます。

プラットフォーム組織

多様な組織が集まって、具体的な事業化をめざすための基盤となる組織形態です。まちづくり事業を、単独の組織では取り組むことが困難で、事業のスキームや初期的な資金集めなどを検討する中間支援組織として形成されることもあります。

たとえば、中越沖地震で大きな被害を受けた柏崎市えんま通り商店街の復興まちづくりでは、商店街振興組合、自治会、建築士会などで、「えんま通りまちづくりを考える会」が組織され、ここを基盤に共同建て替えが連鎖するように、それぞれの事業に対応する事業組織が生み出されました（これに関しては、前述の拙著『まちづくり市民事業』を参照）。

パートナーシップ組織

明確な契約関係に基づいて事業を進める組織をいいます。組織メンバーは利害関係を共有するのであり、事業の段階になれば明確なパートナーシップ組織をつくって、できれば法人化することが望ましいのです。

わが国に広く行き渡っている自治会・町内会組織は、アリーナ組織であり、あるいは会員間の連絡、奉仕活動も行い、会員間の親睦の場も提供する住民自治の基盤（あるいは岩盤のような組織といってもいいかもしれない）を形成していますが、万能ではありません。

町内会・自治会からまちづくり協議会が派生するのは、まさにプラットフォームとしての多様な主体や関係者を引き込んで、活動性を確保するためです。地域をコーディネートしようとしたときには、リーダー層はこれらの組織形態の使命と役割を明確に認識して、役割を分担して連携し、強力な地域協働の布陣を築くことが求められます。

◉その2――ビジョンを共有しシナリオを描く

まちづくりはさまざまな組織により複合的重層的に進められるものであり、たとえば「都市計画マスタープラン」や「総合計画」などより具体的な、それぞれのまちづくりでビジョンが共有されることが重要です。

まちづくり協議会などで明示的に合意されることもあれば暗黙の共有であったりもしますが、まちづくり市民事業のような事業を伴って地域社会を運営しようとしたときには、ビジョンを共有し、徐々にその具体化を進めることが大切です。たとえば、民間の住民・地権者が中心となって共同建て替えを連鎖的に展開した上尾市仲町愛宕地域のまちづくりでは、借地借家の住民も含めて「全ての人が住み続けられるまちづくり」をビジョンとして掲げ、これが共有され、これを実現するためにそのプロセスや方法、制度の検討などがなされて、優れた先行事例となったのです。

もちろん、ビジョンはその実現可能性と切り離して論じられるものではありません。大きな目標としてのビジョンを描きながら、それをどのように実現できるのか、そのプロセスを検討することが重要です。

これが、事業計画を伴って明示されればプログラムということになりますが、そこまでいかなくても、「まちづくりの物語」を将来にわたって描くことが大切であり、このことは逆にまちづくりのプロセスを振り返り、検証し、あるいは評価することにもつながります。ただ「物語」という優しい言葉を使っていると、実現しなくてもいい、現実の課題解決や新たな展開に結びつかなくてもいいように受け取られる恐れもあります。

「シナリオを描く」とは、具体的な手順があって内容をイメージし、行動指針となり、あるいはロードマップとしての役割を果たし、のちには検証のために役立つものなのです。

また、まちづくりのプロセスを可視化して描くことが必要で、そのためにまちづくりを構造的に分析把握する方法が求められます。その1つ、まちづくりの過程をアクションリサーチとして組み立てて記録し、分析して評価する方法も有用です。PDCAサイクル、すなわちPlan（計画）－Do（試行）－Check（評価）－Action（実践）の繰り返しとしてプロセスを進める方法です。

この過程は、しばしば螺旋のプロセスで表現されます。さまざまな発想が組み立てられ、必要なものを巻き込んで、修正してまた計画やデザインをして試行錯誤を繰り返しながら上昇するプロセスとして描くことで、まちづくりが客観化できて、そのプロセスや課題を共有し、評価することにつながります（菅野圭祐、佐藤滋『福島県浪江町における広域分散避難からのコミュニティ復興』「震災後に考える～東日本大震災と向き合う92の分析と提言」早稲田大学出版部、２０１５年）。

◉その3――まちづくりのための技術開発

さて、これまで述べたように「まちづくり」は、明確な社会制度として構想されたというより、地域の中でさまざまなひずみを伴って生まれてきた多様な問題を解決しようと、地域社会を基盤に、専門家や自治体、さまざまな主体が協働して、生まれ現れてきたものです。日本だけではなく、世界中で同様な問題を解決しようとする内発的な活動が生まれてきたものです。

ですから、方法も手探りで、前述の第2世代では、ワークショップという場をもとにして、まちづくりのビジョン、計画やデザイン、さらには組織化を進める手法が多様に開発されました。しかし、このワークショップを意義あるものとするためには、さまざまな工夫や技術開発、適切な情報提供、コミュニケーションツールの開発などが求められます。

目的にもよりますが、専門家としてワークショップの目的と到達点、参加者が納得する合理的で科学的な方法が求められます。

　私たちのグループでは、具体的な都市型のコミュニティ住宅をみずからデザインし、まちの姿を描くための方法を「まちづくりデザイン・ゲーム」として開発しました。さらに、特殊なシュノーケルカメラシステムを開発して、人間の目線から、まちを歩きながらまちの姿を経験する、景観シミュレーション装置を用いています。シミュレーション映像として編集したり、ワークショップの現場でチェックしたり、空間を疑似体験し、ゲーミングの過程でまちが変化し、できあがっていくプロセスを体験し、みずからのそこでのかかわりを考えるという、シミュレーション&ゲーミングの方法です。

　まちづくりを誰もが納得して取り組むためには、この他にもGIS地理情報システムやデータベースの活用、ITCシステムの利用など、科学的で客観的な技術の開発がつねに求められています。

4　まちづくりのこれから～何をめざすのか

さて、締めくくりとして「これからのまちづくり」が何をめざすのかを述べます。

このことを考えるうえで、２０１１年3月に起きた東日本大震災は避けることができません。巨大な防潮堤に象徴される科学技術が自然の力の前では無力であったことは、単一な技術や仕組みのもろさを露呈しました。

これにもまして、安全神話が行き渡っていた原子力発電所がもろくも崩壊して福島の沿岸部の住民が被爆し、故郷が放射能汚染し、故郷を追われたことは、広い意味でのこれまでのまちづくりに大きな転換を迫っています。

さらに、わが国は本格的な少子高齢化の時代に突入し、20年以上にわたり人口減少が続き、２０６０年には3分の2に減少するという、激変に向かうことになります。科学技術に頼り切るのではなく、このような社会的な課題に立ち向かうために根本的なまちづくりの条件を確認することも迫られています。

これまでの大災害、関東大震災や太平洋戦争時の戦災、さらには阪神・淡路大震災などの復興の記録を顧みれば、そのときまでに蓄積されていてまだ端緒が見えていたにすぎない新しい都市計画やまちづくりの理念や方法が、復興を機に実践され社会に定着してきたのです。

関東大震災では近代都市計画や近隣住区の考え方が、戦災復興では区画整理によるシンボリックな都市再建の方法、阪神・淡路大震災では市民参画の地域社会を基盤としたまちづくりが、それまでの蓄積のもとで花開きました。そのような意味で、長期的に見れば3・11以降のまちづくりも、本章でこれまで述べてきた、まちづくりの思想や方法を本格的に実践することであるといえましょう。

すなわち、多様な主体や価値に基づく地域社会を基盤としたまちづくりこそ、そしてコミュニティの絆による地域社会の再生こそ、東日本大震災の復興を機にめざすべき、これからのまちづくりであると、専門家だけでなく社会全体が認識しました。

自然や環境と共存し、多様な地域社会という具体的な場を基礎とした活動が求められ、また、その多様性を活かすためには、適切な科学技術の適応による合理的な方法が求められます。このことは、前節で述べたことの延長上のことなのです。

これまでの大災害は、関東大震災にしろ阪神・淡路大震災にしろ、被災前に胎動していた思想や動きを一挙に前に進めるという意味で大転換をもたらしたのであって、何もなかったことからまったく新しいものが生まれたわけではありません。その意味では、東日本大震災以降のまちづくりは、第3世代の地域運営のまちづくりを強力に推し進める社会的な動機づけを得たものといえます。

そのまちづくりを通して、具体的な成果を上げながら地域社会が力をつけて、持続的に発展を続けるというのが「これからのまちづくり」なのです。人々が、生き生きとした地域社会で人生を送ること、居住者のコミュニティでも活発な交流があることで、地域社会が安全で快適なまちづくりを総力をあげて進めることができるのです。

2章

自治体とどう上手に組むか

木村 清一
東京大学高齢社会総合研究機構

1　柏プロジェクトはどのようにして取り組まれたのか

●──超高齢社会の到来〜まちづくりの背景

わが国は、世界でも類を見ない速さで人口の高齢化が進行し、２０３０年には、65歳以上の高齢者が人口の３分の１になると予測されています。また、平成25年度の「高齢者白書」によると、わが国の総人口が減少傾向を示す一方で、65歳以上の高齢者人口の割合は24・１％を超え、５人に１人が高齢者という超高齢社会になっています。

さらに、65歳以上の高齢者がいる世帯は、全世帯のうち41・9％を占め、そのうちの「単独世帯や夫婦のみの世帯」が過半数を超える状況にあると報告されています。

こうしたことは同時に、いまだ世界のどの国も経験したことがない超高齢社会が、すでにわが国に到来しているということを意味しており、とくに大きな課題として指摘されるのは、首都圏や近畿圏、中部圏などの、いわゆるベッドタウンとして急激に人口の増大をもたらした大都市近郊地域の急速な高齢化の進展そのものです。

高齢者人口が増えるということは、相対的に要支援や要介護高齢者が増えることとなり、あわせて介護や医療の需要が急速に高まるという状態に必然的につながっていきます。

長寿社会のまちづくり～Aging in Place の社会実証

そこで、身近に迫る超高齢・長寿社会に対応した「新たなまちづくり」を進めようと、2010年5月に千葉県柏市とUR都市機構と東京大学の3者が協定を結び、いわゆる「産学官が一体となった取り組み」を始めました。

このプロジェクトのコンセプトは、「住み慣れた場所で自分らしく老いることのできるまちづくり Aging in Place」の提案と実践にあります。これは Aging in Place を超高齢・長寿社会のまちのあり方の理想と掲げ、それを可能とする社会システムを開発しながら提案し、実践していこうとするモデル性の高い先駆的なものといえます。

実践の場となった「柏市」は、東京から30キロ圏内に位置するベッドタウンとして高度経済成長に伴って発展し、現在人口約41万人の中核市・住宅都市としての側面に加えて、農村地域や工業地域をも擁する高齢化率24％の都市です（2015年10月）。

さらに、今後の急速な高齢化が予想されており、要支援・要介護などの認定を受ける高齢者も2030年には2倍から3倍に達すると推測されています。したがって、このまちで生じるさまざまな問題や課題はもちろんのこと、それらに対応して得られる知見や解決策、教訓から導き出される提言などがもつ汎用性は、きわめて高いものであると考えています。

●地域包括ケアシステムの具現化〜高齢者の活用が核心

このプロジェクトの「まちづくり方針（あるべき姿）」は、①いつまでも在宅で安心した生活が送れるまち、②いつまでも元気で活躍できるまち、の2つのプランです。これらの方針を実現するため、第1に「地域包括ケアシステム」の具現化に取り組む、第2に高齢者の生きがい就労の創成に取り組むこと、としています。

第1のプランを具体化するため、「地域包括ケアシステム」を実現する取り組みとして、

①在宅医療を推進するシステムの構築
②24時間訪問看護の充実
③24時間介護サービスの充実
④サービス付き高齢者向け住宅の整備

などを掲げて、10の事業を推進しています。

第2のプランでは、高齢者を有能な働き手と捉えた地域密着型の新たなビジネスの創出として、「高齢者の生きがい就労」を実現させるために、

①休耕地を活用した農業や家屋を活用したミニ野菜工場、住宅の屋上を農園にするなどの農業事業整備
②保育や子育て支援サービスの創設、子どもの居場所の確保
③子どもから高齢者、障害者への生活支援サービスの充実
④コミュニティ食堂や配食サービスの実施による地域の食生活を支える事業
⑤高齢者から障害者までの福祉サービス事業の支援・充実

などの大きく5分野で8つの事業を提案・実践する体制を整えました。今は多くの高齢者が生きがいをもって就労する姿も現れてきています。

このような方針を具体的に実践しながら、さらに計画に反映しつづける（アクションリサーチ）ため、3者によって構成された研究会内に、「在宅医療委員会」「人と人委員会」「住まい・移動委員会」を設け、それぞれに「医療」と「連携」のワーキンググループ（WG）、「生きがい就労」と「生涯学習」のWG、「住まい」WGを立ち上げ、医師会をはじめ歯科医師会や薬剤師会、訪問看護連絡会やケアマネジャー協議会、理学療法士（PT）・作業療法士（OT）やヘルパーなどの多職種集団に、さらに市民団体や一般市民なども各WGに参画し、行政の関連分野も加わって具体的な事業の協議と検討を行いながら、目標の実現に取り組んできています。

そこで、このような取り組みを通じて得られた成果や教訓をもとに、多職種集団はもとより、市民や団体がどのようにして連携・協働した活動を進めているのか、さらにこのようなまちづくりにおける行政の果たす役割は何か、これまでのプロセスを明らかにしながら、新たな高齢者の能力活用と「地域包括ケアシステム」の実現を核とした取り組みを紹介したいと思います。

そして、こうした取り組みの方策とその1つひとつの実践的プロセスが、目前に迫りつつある長寿社会の「まちづくり」に、いかに大切なものなのかを明らかにできれば幸いに思います。

2　自治体（行政）の果たす役割と機能

◉柏プロジェクトになぜ取り組めたのか

柏市は、首都圏のベッドタウンとして発展してきた地域特性を十二分に生かした取り組みとして、「高齢者の持つ高い技術や能力、経験を活かしたセカンドライフの就労モデル」の研究開発と「たとえ一人暮らしになったとしても、住み慣れた自宅で安心して生活することができるよう在宅医療システムの構築」をUR都市機構、東京大学高齢社会総合研究機構とともに研究会を組織し、協定を結んで２００９年６月から相互に連携しながら取り組んできました。

この柏プロジェクトを進めていくうえで、行政の果たした役割はきわめて重要であり、その取り組みの１つひとつのプロセスは「新たなまちづくり」としても機能しています。

まず、次にあげるような諸条件が相互に機能し合い、同時進行することによって、新たな方向性をもった「長寿社会のまちづくり構想」が誕生することになったと考えています。

①まちの高齢化の現状と課題が明らかになっている
②まちの地域特性を生かした市民活動が活発に行われている
③現状からまちの将来に危機感をもった人が大勢いる
④行政施策の形成や推進を通じて大学や学術研究機関とのつながりがある
⑤行政組織内部に協働や連携の体制がある
⑥プロジェクトの事務局機能をもつ新たな行政組織を設置した
⑦首長が長寿社会に強い関心をもちながらさまざまな場面で「夢」を語っている

このような7つの条件が根底に存在し、相互に関連し合いながら、先進的な行政職員集団の努力と多方面にわたる市民団体の力が融合し、東京大学という学際的な支援が加わり、さらに、モデル地域となる豊四季台団地の土地所有者であるUR都市機構がコラボレートし、わが国ではめずらしい3者による研究会が発足したことによって、新たな方向「長寿社会のまちづくり構想」が誕生したのです。

その核心は「地域包括ケアシステムとセカンドライフの新しい働き方の実現」として、検討とともに実践しながら取り組まれてきたことにあります。

Ⅰ　まちの高齢化の現状と課題が明らかになっている

高齢社会に関わるデータの収集と分析を経て、さまざまな場面で市民に情報を公開し、市民とともに議論を進めていくプロセスこそ、新たな方向性と方策を市民の前に明確化することになり、実行の確実性を担保することにつながっていきます。ともすると自治体によっては、情報公開することに躊躇するきらいがあります。しかし、今日における高度情報化社会の進展は、むしろ情報を積極的に開示しながら、広範な規模で市民同士の議論を経て、政策の実効性を高めようとする取り組みが一般的になりつつあります。WGやワークショップ、シンポジウムや講演会など積極的に活用して、市民の眼前にまちのあるべき姿の課題を示しながら、市民世論の形成に力を尽くしたいところです。

柏市が、超高齢社会に対するあるべき姿として掲げた基本理念は「すべての高齢者が、その人らしく、住み慣れた地域で、安心していきいきと暮らせるまち　柏」とし、これを支える共通的な基盤の整備として「地域包括ケアシステム」の確立・強化を掲げてきました。これは、2006年から08年の3カ年を計画期間とした第3期柏市高齢者いきいきプランに初めて掲げた基本理念で、2016年の現在まで踏襲されてきています。

２００５年に、このプランを策定する中で、高齢者を取り巻く情勢を分析するために作成したのが、21の行政区域のコミュニティエリア（小圏域）と、７つの日常生活圏域（中圏域）、３つのゾーン（大圏域）ごとの「日常生活圏域データ」です。

このデータの項目を参考までに表示します（大、中、小圏域ごと）。

①面積
②人口（男女別、各年度比較）
③人口密度
④65歳以上人口（男女別、合計、順位、独居数、各年度比較）
⑤高齢化率（男女別、合計、順位、各年度比較）
⑥世帯状況（全世帯数、高齢者のいる世帯、高齢者独居、高齢者夫婦、それ以外高齢者、混合、各年度比較）
⑦要支援・要介護認定者（要支援１・２、要介護１～５、順位、各年度比較）
⑧認知症自立度判定者（自立Ⅰ～Ⅳ、M、合計、65歳以上数）
⑨介護老人福祉施設（設置数、定員）
⑩介護老人保健施設（設置数、定員）
⑪介護療養型医療施設（設置数、定員）
⑫介護施設総数（設置数、定員）
⑬グループホーム（設置数、定員）
⑭介護付き有料老人ホーム特定施設（設置数、定員）
⑮養護老人ホーム（設置数、定員）
⑯介護居住系サービス（設置数、定員）
⑰ケアハウス（設置数、定員）
⑱医療型療養病床（設置数、定員）
⑲介護と医療療養病床合計（設置数、定員）
⑳介護施設等と医療療養病床合計（設置数、定員）
㉑地域包括支援センターと在宅介護支援センター設置数
㉒その他の公共施設（近隣センター、保育園、小・中・高校、大学各種学校）

これは、行政内部はもとより、さまざまな市民や団体にも情報提供したところ、多くの議論を各地域で巻き起こす原動力になったほか、地域ごとの課題やニーズを詳細に把握するきっかけとなったものです。

このような客観的なビッグデータの作成は、自治体のさまざまな分野で保有する個々のデータを統合することによって、新たな問題や課題、さらには検討・分析を通じた施策の方向性や方針を策定していくうえで、きわめて重要な意味をもつものです。

これらのデータを一覧表で俯瞰できるようにしました。

一方、行政が計画プランを策定するときに必要とするものの2つ目が「高齢者の意識調査」を含む日常生活にかかわるニーズの把握があります。

調査は、対象を①65歳以上の一般高齢者、②要支援・要介護認定者、③在宅サービス利用者、④施設サービス利用者、⑤介護支援専門員や介護事業者などに区切って行われています。

これらを日常生活圏域ごとに集計し、検討・分析を加えたうえで、市民をはじめ、市民団体や地域団体などに広く情報提供を行い、さまざまな分野・視点から意見を求めることにしました。たとえば、市広報等で募集した「いわゆる100人委員会」を設置して、W

Gごとの議論を中心に検討することも有効な手段の1つといえます。

このような市民レベルの検討を通じて、高齢者問題をはじめとする介護保険制度や年金制度、生活支援や暮らし方などに対する理解が深まり、市民の主体的な学習活動やグループが活発になってきます。

また、介護保険制度やその事業への関心が高まってくると、身近な介護施設等へのボランティアや地域サロン事業への参画など、積極的な市民活動につながっていく例が多く見られます。このときに、介護保険事業の1つでもある「介護ボランティア制度」やNPOなどの団体活動、町会・自治会による助け合い事業や社会福祉協議会の小地域福祉活動などが刺激されて、市民の手による、より活発な活動展開が期待できるようになります。

Ⅱ　まちの地域特性を生かした市民活動が活発に行われている

市民が主体となった地域における活動の中でとくに注目したいことは、町会や自治会を単位とする日常生活圏域での「支え合い活動」が、地域のもつ特性に応じて多様に取り組まれることです。このような市民主体の地域福祉活動や事業に対する行政側の支援を充実させると、いわゆる「市民と行政の協働」活動をさらに促進・発展させ、そのプロセスにおいて相互の信頼関係を築いていくことができるようになります。

行政側から計画プランに基づく明確な方針を町会・自治会活動に対して意識的に働きかけると、必然的に「地域助け合い事業」などの市民同士の支え合い活動の事例が活性化していきます。さらに、保健福祉活動分野をミッションとした市民団体やグループ、ＮＰＯや公益団体等の組織的な結成にも発展し、じつに多様で活発な取り組みが生まれることとなります。

柏市は、平成9年度に厚生省の指定を受けて「健康文化都市プラン」を策定し、５つのシンボル事業に取り組みました。その1つに「おせっ会」事業があります。この事業は、高齢者や子育て層を中心にした相互交流を促進する地域サロン活動で、現在は高齢者を主としたサロンが２２１カ所、母子を対象とした行政の保健師がかかわる「母と子のつどい」が21の行政区域に23カ所あり、徐々に広がりを見せています。

このプランの５つのシンボル事業のその後の取り組みは、市民が主体となった健康福祉活動の活性化をもたらしたほか、現在の各地域における多種多様な市民活動を醸成する土壌になっているといっても過言ではありません。

一方、市民公益団体やＮＰＯなども非常に活発に活動しています。

２００4年3月に柏市が制定した「柏市民公益活動促進条例」をきっかけに、登録を受けた市民団体が２６1を数え、保健・医療・福祉など17のカテゴリーごとに分類すると総数８５２にのぼります。さらに、同条例に基づく財政的な助成を受けた団体の活動も年々活発になってきています。

さらに、有償ボランティア14団体が、おもに高齢者を対象とした買い物や通院介助、掃除やゴミ出しなどの生活支援事業を積極的に展開しています。

２０１０年に設置した介護ボランティア制度（柏市では介護サポーターと称している）は、登録者数１１５０名を超え、市内の介護施設や病院、町会・自治会が運営するサロン活動などで積極的に活躍しています（２０１５年10月）。

また、町会・自治会を単位とした隣近所のつながりを軸に、相互の生活支援活動（支え合い）も広がりを見せ、今日における介護保険法改正に伴った地域支援事業・日常生活支援総合事業（新しい総合事業）の中核を担いつつあります。

このように保健福祉分野に限ってみても、多種多様な市民活動が行われてきていることが、近年の大きな特徴ともなっています。

そこで、地域（おもに日常生活圏域）を拠点とする市民活動を行政の各分野が必要に応じて支援・助成するシステムはもちろん大切なことですが、加えて行政との協働事業として取り組む活動もとくに重視したいところです。

この協働事業に取り組むプロセスこそ、市民ニーズに基づく主体的な行動をさらに強く惹起する機会となり、地域自治意識の醸成をもたらす結果となるばかりか、地域コミュニティの新たな構築に大きく寄与することになります。同時に、市民個々の地域における暮らし方の自己実現にも結びついているものと思われます。

Ⅲ　現状からまちの将来に危機感をもった人が大勢いる

高齢者や市民を取り巻く現状の地域により密着したデータの収集と分析、市民意識調査などによるニーズ把握から市民各層へ繰り返し行う「情報提供・公開」は、全市的な規模でのワークショップやグループミーティングなどの手法を通じて、行政内部はもとより市民各層に共通課題や共通目標をもたらし、施策や方針を生み出すことにつながります。このようなプロセスを経るからこそ、現状に対する深い認識から地域社会の将来に対する危機意識を高めると同時に、課題や施策に対する積極的な取り組みや活動への参加エネルギーの転化をもたらすことになると思われます。

まちの将来に対して〝あるべき姿〟（共通目標）が市民と行政の間にしっかりと認識されてくると、抱いていた将来への危機感は、むしろ積極的な行動力やチャレンジ精神に転化していくものです。共通目標となるものが「あいまい」なままであると、不安感や責任追及論議などに結びつきやすくなってしまいます。

したがって、心得ておきたいことは、現状の課題や問題から出発して、将来のあるべき姿をみんなでしっかりとイメージでき、共有できる粘り強い取り組みがもっとも重要であるということです。

そこで、市民各分野はもちろんですが、行政内部にも〝まちの将来に危機感をもったひと〟を発見し、その人々とともに議論を交わす中で共通目標を求めながら、取り組みを進めたいものです。

この人々こそ、さまざまな活動や事業の原動力になる存在であり、キーパーソンとなることは多くの事例からも明らかです。つまり〝危機感〟こそ、取り組みの源泉ともいえるのです。

Ⅳ　行政施策の形成や推進を通じて大学や学術研究機関とのつながりがある

複雑多様化してきている今日の行政課題に対して、新たな取り組みを進めていくうえで、大学などの学術研究機関との連携した施策推進は不可欠なものです。超高齢社会のまちづくりを行うためには、保健学系もしくは福祉学系の学部をもつ大学との連携事業をぜひとも積極的に進めてほしいものです。老年学や医学系は重要ですが、東京大学のような学部横断組織としてジェロントロジーを中心とする体系的な学際は、残念ながらわが国では他に類を見ない状況にあります。したがって、看護師や保健師、社会福祉士や介護福祉士、理学療法士や作業療法士などの多職種養成系、さらに、スポーツ健康科学系の大学のほか、独立行政法人の学術研究機関などとの連携関係も重視したいところです。

今日の地方自治体を取り巻く情勢は、複雑多岐・多様であり、行政に求められる役割も刻々と変化しつづけています。ともすると、法令や条例に定められた既定の事務や業務にのみ追われがちになります。

こうなると将来に対する期待や見通しがもちにくくなり、職場環境も閉鎖的で縦割り状況が一層強くなってしまいます。さらに、客観的に見て不幸なのは、そこで暮らす市民であるといわざるをえないと思います。

こうした閉塞感（いわゆる行政のカベ）をもった行政組織を活性化する方法の1つに、外部からの新たな刺激を企図することが挙げられます。

今日の地方行政が抱える多くの課題は、行政内部の連携と協働体制を構築しなければ対応が難しいともいわれ、〝行政のカベ〟となっている①縦割りのカベ、②職制のカベ、そして③役所全体のカベ、の3つを崩していかなければ先が見えてきません。このカベを取り崩す1つのきっかけとなるのが、大学や学術研究機関との協働した取り組みであると思います。

また、今後の超高齢社会に対応したまちづくりについては、どの自治体も直面している重要課題であり、自治体の組織目標である「総合計画」の根幹に、このことがしっかり据えられているかどうかが、ある意味では、自治体の評価の大きなファクターにもなっていることを認識するときが来ています。

柏市での取り組みでは、市総合計画の改訂にあたって、東京大学との協働した事業展開に加えて、学術的なジェロントロジー分野の教授に計画策定委員として委嘱したうえで、重要な役割を果たしていただいた経験があるからです。

V　行政組織内部に協働や連携の体制がある

市民との協働・連携を進めていくためには、そうした豊かな経験をもつ職員が存在しなければなりません。とくに幹部職員の中に、市民との協働を実践する人材の存在が求められています。つねに幹部職員が先頭に立って動いている状況を行政組織内部に創り出して行くことが必要です。そのため、行政内部に職員による各分野や各事業を超えた実践的な研究会やWGを立ち上げ、さまざまな経験を各部門をつないで推進できる体制をつくることです。具体的な課題解決や事業の取り組みを通じてこそ、協働や連携は進んでいくものであることをしっかりと肝に銘じたいところです。

超高齢社会のまちづくりを進めていくには、さまざまな市民層や団体はもちろんのこと、それらと行政との協働・連携した多様な活動が不可欠となっています。このような取り組みこそ、地域福祉の充実や健康づくりの推進、地域子育て支援や安全安心の地域づくりなど、今日の市民生活の中に派生する諸課題を真に解決するためにもっとも重視されなければなりません。とくに、若い行政職員にあっては市民との協働事業の実践経験をはじめ、地域づくり活動などを通じた人と人とのつながりや相互信頼関係の醸成に力を注ぐことが

協働を進めるうえで解決すべき課題

行政の課題

①市民活動に対する認識不足
②協働の必要性に対する認識不足
③協働に関する情報の不十分な状態
④市民と行政の役割分担の不明確性
⑤行政に協働推進の仕組みがない

市民の課題

①行政の仕組みなどの情報不足
②資金や人材など活動基盤が脆弱
③財政規模、活動実績、業務遂行能力などに大きな格差
④市民活動に対する住民の理解も十分ではない状況

❶現状把握ができていない
❷協働した経験が少ない
❸意外と横のつながりがない
❹継続的な活動ができていない
❺行政依存度が高い

〈どうするか〉

①相互にコミュニケーションをとる努力
②お互いを尊重し対等に接する
③役割分担と責任を明確にする
④市民提案を受け入れる仕組みをつくる
⑤活動拠点をつくる

望まれています。

幹部職員は、みずから先頭に立ち市民との協働・連携活動を創り出す努力を惜しまず、つねに先頭に立って推進する姿勢が大切であり、今日の社会情勢から鑑みて求められる幹部職員の資質の1つともいえます。また、こうした資質をもった職員が昇格するような組織文化を創り出したいものです。

そこで、協働・連携を進めていくうえで克服しなければならない今日の課題については図表を80ページに示しておきます。

Ⅵ　プロジェクトの事務局機能をもつ新たな行政組織を設置した

長寿社会のまちづくりは、その取り組みの内容が市行政の全般にわたることから、思い切って専管組織として「福祉政策室」を新設したことが、重要な意味をもつことになりました。室長以下4名の選び抜かれた職員がプロジェクトの事務局機能を十二分に発揮したことにあります。このことは、自治体行政が本気になって取り組もうとしていることを内外に広くアピールすることにもつながったと思われます。

柏プロジェクトは、長寿社会のまちづくりとして医療・介護・看護の分野をはじめ、高齢者の就労やボランティア等の新たな生きがいづくり、さらに、居住形態や住まい等の住宅対策、買い物や通院等の移動手段など、広範囲の対応が含まれており、既存の行政組織で片手間に兼務して対処・推進する限界を超えています。

そこで、行財政改革や人件費削減の嵐（事業仕分けなど）が吹き荒れる中にありましたが、保健福祉部長直轄下の専管課とし、2007年4月に管理職1名を含む総勢4名の「福祉政策室」を大変な労苦のうえに新設置することにこぎつけました。この行政組織の存在こそが、後の柏プロジェクトの各事業が迅速確実に進捗する担保となったのです。

所管業務の特徴として、いわゆる個々の事業はまったくもたず、もっぱらプロジェクトの事務局機能を担うものとしたことがあげられます。したがって、事業予算がない分、所掌する予算といえば、出張旅費や消耗品、備品購入費などきわめて限られた少額規模なものでしたが、十分にその機能を発揮したことは特筆すべきことです。

ある意味では、この事務局機能を司る行政組織そのものを設置したことが、現在のプロジェクト各事業の推進に大きな役割を果たすことにつながったと思われます。しかも、行政内部でも考え方や実績を十二分に考慮のうえ、有能な職員を適切に配置したところも見逃せないことの1つです。

この行政組織の当時のおもな業務を示すと、次のようになります。

・プロジェクトに関する各種情報の収集と整理
・プロジェクトに関する法令、条例など法規情報の収集と整理
・関係市民団体間の連絡と調整（町会、自治会、職能団体及び機関など）
・行政内部の関連部門との協力関係及び連携組織の形成
・プロジェクト会議の設定、資料の作成、会議内容の整理
・会議の事前事後の内容打ち合わせと連絡調整
・プロジェクト推進の核である大学、ＵＲ都市機構との意見調整

その後、柏プロジェクトの進捗に合わせて、この組織体制と人員配置についても増強されてきました。平成25年度当初の行政組織規則に規定された内容を示すと、次のとおりとなっています。

福祉政策室に政策担当と在宅医療支援担当を置き、室長以下11名の正規職員で構成。

［政策担当］所管業務
①豊四季台地域高齢社会総合研究会に関すること
②地域医療に関わる施策に関すること
③地域医療拠点に関すること

④健康、福祉、医療施策に関わる他の部署との総合調整等に関すること
⑤保健福祉部、保健所及びこども部内の組織定員、予算及び人材育成に関わる調整に関すること

［在宅医療支援担当］所管業務

⑥在宅医療推進に関わる施策の企画及び実施に関すること
⑦在宅医療実践研修の実施に関すること
⑧市民に対する医療に関わる情報提供、相談及び啓発に関すること

ここで特筆するべきことは、④及び⑤の組織内部の施策にかかわる総合的な調整権限を付与していることと、⑧の市民に対する情報提供をしっかりと規定していることにあります。そして2015年4月には、福祉政策課と改め、課内組織として地域医療推進室を置き、さらに機能強化されているところです。

Ⅶ　首長が長寿社会に強い関心をもちながらさまざまな場面で「夢」を語っている

このことは、いうまでもなくすべての取り組みのもっとも重要な基本的条件になります。あらゆる行政場面において、首長が超高齢社会のあるべき姿を語れるよう各分野ごとの施策形成をはじめ、市民生活に密着したさまざまなデータの蓄積と活用を準備しておくことが必要です。

自治体における首長は、政策・施策形成と執行・推進に最大の権限を有する職責であり、そのうちとくに重要で効果的な権限は、人事権にあるともいわれます。適切な人材の育成と配置こそ行政運営の基本ですが、首長が重点的に取り組むべき政策・施策の執行部門には、必然的にもっとも信頼性の厚い、かつ能力の高い職員が存在することに注目したいものです。

一方、首長は行政運営全般はもとより、市民活動の全分野においてもつねに先頭に立たされることから、その言動そのものが大きな影響力をもっています。したがって、首長があらゆる場面で、超高齢社会のあるべき姿をいきいきと語ることがきわめて重要なことといわざるをえません。

　このような意味から、首長に対する適切な情報やデータの提供、情報収集や分析などに果たす行政職員の役割は、ますます大きな期待が寄せられることになります。たとえば、重点的な施策や事業については、パワーポイントを使ったわかりやすい啓発スライドや資料をつねに作成しておくようにしたいところです。これは、担当部門における市民啓発はもとより、行政内部における協働・連携のための取り組み時にも十分活用できるものだからです。取り組みの進捗に合わせてバージョンアップさせながら創り込みすることをぜひおすすめします。

3　連携・協働事業を進めるうえで留意したい点

●あるべき姿を共有し、役割分担して進めることが大原則

行政が、課題や具体的な事業に市民や団体、関係機関などと連携した取り組みを進めていくうえで気をつけたいことについて挙げておきます。

①行政の意思決定が遅い

行政の意思決定が遅れ事業が効果的に進捗しない
〜つねに大切な報告・連絡・相談のルート

これは行政組織における報告と連絡と相談が効率的に行われていないことを示すもので、基本的なことがもっとも大切であることを意味しています。

部長→副市長→市長とつながる報告等は、しっかりと段階と経過を踏まえないと「私は知らなかった」となるのです。むしろ、上司が各行政事業の場面で行う〝挨拶〟などで織り込むことができるように手配を怠らないようにしたいところです。「あれはどうなって

いるの?」などの声が上司からかかるようなときには、報告・連絡・相談のルートが最悪の状態にあると考えるべきです。

②情報提供に慎重すぎる
あまりにも慎重になりすぎると効果は半減
～資料や情報はつねに公開することが大切

収集した情報や資料は必要に応じてタイムリーに検討内容も含めて提供したいところです。今日の課題に、積極的に取り組もうとするなら、市民はもとより関係協議者や団体、マスコミに対しても可能なかぎり公開・提供し、公論とする努力が求められます。

とかく行政は一定の結論が見出せないかぎり、情報を公開したがらない傾向にありますが、事業や取り組みの目標ともなる「あるべき姿」さえ明確になるならば、手段や方法をあれこれ内部だけで議論していても、けっしていい結果は生まれないものなのです。思い切った情報の公開を進め、本来主体となるべき市民の議論にゆだねることも重要な手法の1つなのです。

③不要不毛な議論が多い
配慮に欠けた説明や報告不足は不毛な議論を生む
～つねに実行したい事前説明と事後報告の姿勢

重要な存在の人物や団体組織には、必ず取り組みの事前説明と事後報告を徹底して行うことが肝要となります。

会議中の的外れの議論や合意の先送りなどは往々にしてよくあることで、取り組みの停滞を生む結果となってしまいます。これは、こちら側の意図が十分伝わっていない証拠でもあるのです。そこで、会議等の議論のキーパーソンや議論を外しやすい傾向をもつ方には、訪問して事前の説明をできるかぎり行うことが決め手となります。

また、ポイントを絞った会議内容や前回の合意事項の報告をタイムリーに行うようにしたいところです。こうした配慮が思いがけない提案や進捗に結びつくことがあります。たとえば事前説明時であれば、「ぜひその内容を次の会議で提案してください」といっておきたいものです。

やはり「根回しと稟議」こそが意思決定の基本となるようです。

4 市民と行政が一体となってまちづくりを進めるために

市民参画こそ〝人が息づくまちづくり〟になる

もっとも基本的なことですが、まちづくりの主役は誰でしょうか。

もちろん、それは〝市民〟であり、子どもから高齢者、障害者まですべての市民であることは間違いありません。なぜ、このようなことを改めて述べるかですが、行政施策や事業の実施に当たって、意外と疎かにされやすい視点であるからです。

そこで、市民が主役になっている取り組みとは何でしょうか。

まず第1に、〝市民がまちを知る取り組みがある〟かどうか。第2に、〝市民がまちを愛する取り組みがある〟かどうか。第3に、〝行動する市民が増えている〟かどうか、という3点があります。

その具体的な内容を見てみると、さまざまな場面で取り組まれている各種イベントに多くの市民がそれぞれに参加しているかどうかです。その事業のプロセスに、計画段階から市民が主体的に参画することを期したものであるなら、多くの市民の参加が得られることは当然のことです。

さらに、最近多くみられる「公聴会」と称する企画への参加はどうでしょうか。閑古鳥が鳴いていませんか。このような状態になると「市民の関心は薄いから」とか、「あまり考える市民がいない」などと判断していませんか。その取り組みの過程をしっかりと振り返ってみてください。市民ニーズの把握はもとより、計画段階から〝市民参画〟が貫かれているかどうか考えてみる必要があります。イベント1つとっても、そこには市民が主役としてしっかりと息づいていることがもっとも大切なのです。

このほか、市民団体・地域活動への参加状況や地元企業・事業所で働く市民の状況、地元商店や飲食店を利用する市民の状況、さらには市民が住んでいる家の状態など、さまざまな場面で市民がひととして息づくまちが形づくられてきているでしょうか。

いずれにしても〝市民参画〟のプロセスこそが、まちをつくり、生き生きとした暮らしを創造する市民を着実に育て上げていくと考えるからです。

行政が取り組むべき〝6つの視点〟

そこで、行政としてまちづくり施策をより一層効果的に推進するために、市民が主体的に参画できるよう配慮した取り組みの視点を提示します。

①まちづくりに関する情報の提供に取り組む

行政には、さまざまな情報が蓄積されているものですが、個人情報は別として、各種の行政情報の提供は、まちづくりを進めていくうえで不可欠の条件となります。市民参画や市民との協働の取り組みがうまくいかないのは、今日におけるまちづくりが進展しないことも含めて、必要な情報が必要な市民に提供されていないことと連動している事実に注目する必要があります。

行政内部で作成されたあるいは作成される情報が、必要な市民に適切・適宜（タイムリー）に提供され、共に意見交換することこそ、まちのあるべき姿を導き出し、共に取り組もうとするスタンスを醸成し、お互いに役割分担までもたらす最善の取り組みを表出することにつながるのです。

情報提供こそ、まちづくりの基本中の基本といってもいいでしょう。

②広聴活動の推進に取り組む

次に、行政は、毎月発行するいわゆる「広報紙」の記事や校正には、費用と大きな労力をかけますが、広聴活動については意外と消極的な面が見られます。

たとえば市民の意見を聞くと称して、対話集会や語る会、報告会などを催しますが、対面式や代表者のみの形式的な取り組みになっていたりすることが少なくないようです。むしろ、市政に関することや個々の行政事業にかかわる苦情や意見にこそ耳を傾けてほしいところです。

これには、クレーマー的なものも存在するとしても、その中にこそ、施策や事業の展開にかかわる不満や不適応の核心が潜んでいる場合も少なくないのです。たとえば、一流企業の中には「消費者の苦情にこそ企業発展のヒントがある」として、その内容の分析や対応を、有能な社員の人事配置を含めて社長室直轄の組織にしている例は珍しくないことにも表れています。

一方、広聴活動と称して、よくアンケートや意識調査が行われますが、この調査結果のみの取り扱いで「市民ニーズの把握」としている場合も少なくありません。

これはそれで意味のあるものですが、ぜひ、追加の手間として行っていただきたいことに、結果に基づく関連した市民に対する〝ヒアリング調査〟です。聞き取り形式でもよいので、できるだけ多くの市民から協力を得たいものです。このヒアリング調査とアンケート調査の重層的な関連分析こそ、市民ニーズの把握に大きな意味をもたらすことが、経験則から見て有効であると思います。このように、直接市民の意見や声も加味しながらデータの集約・分析を進めることこそ、市民ニーズの把握における広聴活動の有効性とその役割が見えてくるものなのです。

その後は、前述の「情報公開・提供」の方法にゆだねられてくることはいうまでもありません。

③企画段階からの市民との対話に取り組む

「企画段階からの市民との対話」を行うことは、施策展開における市民ニーズをしっかりと捉え、取り組みのプロセスを想定したうえで進めていくためにもっとも重視されなければなりません。

このために、関連する大学や研究機関などの協力が確保できるとベターであり、事業展開に大きな意義をもたせることができるようになります。この時点で、すでに広報広聴活動の成果が問われてくることにもなるのです。

関連する市民や関係団体などに声をかけて、取り組むべきテーマや課題に触れるヒアリングに力を注ぎたいところです。

④まちづくりに関する顕彰（推奨）に取り組む

具体的な事業の実行段階において、優れた活動や行動、取り組みの成果などに対する「行政側の市民への顕彰」もぜひ取り入れていただきたいことの1つです。私の経験から、多くの市民は、地域の人々や団体活動の役に立つことや感謝されることを、自己実現のあるべき姿として感じているものです。

そこで、必要に応じて一定の成果や事業の結束した時点・段階で、市民活動に寄与したその行為を讃えて「感謝状」の贈呈や優れた成果物の「表彰」にも配慮してみることも大切です。施策や事業内容によっては、顕彰そのものを制度化してもいいと思われます。市民にとって、行政からその行為を顕彰されること自体は、より身近な暮らしの場となる地域社会においての出来事だけに、このうえない喜びとなるものに違いありません。

⑤まちづくりに関する助成制度に取り組む

市民活動を進めるうえで、もっとも課題となることの1つに、活動資金の確保が挙げられます。最近は、多くの自治体でも設置されてきましたが、「市民活動に対する活動費の助成制度」の実施です。

いち早く制度化した自治体では、その効果を十分に検証するようにしたいところです。現状の市民活動を発展させるような制度内容になっているのか、助成金が効果的に使えるような仕組みになっているのか、助成団体の発展や経年活動の状況など、制度の実相実態を把握したうえで、今日的な制度へとリニューアルしたいものです。

5年以上も同じ制度で運用しているとしたら、要改定の時期にきていると見たほうがいいかもしれません。

むろん、こうした助成制度がない自治体では、先進といわれるいくつかの自治体の取り組みを参考にしながら、ぜひ、市民活動助成制度を確立してほしいところです。もちろん、企画段階からの市民との対話を前提としてです。

⑥計画設計段階からの市民参画に取り組む

冒頭の部分でも記しましたが、まちづくりのテーマに沿って、その趣旨や課題、ミッションを明らかにしたうえで、取り組みの企画段階から、市民参画を求める手法をぜひ活用したいところです。

ただし、しつこいようですが、有効な関連情報の提供も適時進めていくことをしっかりと担保していることが大切になります。そのための有効な手段の1つとして、常日頃、市民との協働事業に取り組む経験を積み重ねている自治体職員であれば、すでにお気づきのことと思いますが、企画段階において重要な役割を果たすファシリテーターとして活躍する市民の顔がしっかりと見えているのだと思います。

3章

地方創生と企業の実践

高橋 英與
コミュニティネットワーク協会理事長

1　自治体消滅という衝撃

●――「日本版ＣＣＲＣ」をどうつくろうかと

２０１５年2月28日、株式会社コミュニティネット運営の「ゆいま～る那須」に石破茂・地方創生担当大臣が視察に訪れました。同大臣はその4日前、「ＣＣＲＣ（Continuing Care Retirement Community）に関する有識者会議」を設け、日本におけるＣＣＲＣの導入を本格検討する考えを明らかにしていました。

ＣＣＲＣとはアメリカで普及している高齢者によるコミュニティです。元気な高齢者が仕事や社会活動を通じ、その地域の担い手として活動しながら、必要が生じれば介護・医療サービスを受けられる「ついのすみか」として、富裕層を対象に広がっています。

一方、日本では所得階層を限定することなく、地域の特性を生かした「日本版ＣＣＲＣ」をどうつくっていくかが検討されており、そのモデルの1つとして、「ゆいま～る那須」が選ばれたのです。

この背景には有識者で構成される民間研究機関「日本創成会議」（座長・増田寛也元総

務相）の提言があります。同会議は2014年5月に「2040年までに全国896自治体で、20～39歳の女性が5割以下に半減し、人口減少が止まらず行政機能の維持が困難になる」という「消滅可能性都市」を明記し、多くの基礎自治体に衝撃を与えました。

また、2015年6月4日には、「今後10年で東京など1都3県の『東京圏』の介護需要が45％増えて、施設と人材の不足が深刻になる」との推計を発表。その対策として、高齢者の地方移住などを掲げ、具体的な候補地として医療・介護に余力のある26道府県の全国41地域を挙げています。

内閣府には「まち・ひと・しごと創生本部」ならびに日本創成会議と同じく元総務大臣の増田寛也さんが座長を務める「日本版CCRC構想有識者会議」（袖井孝子・お茶の水女子大学名誉教授もメンバー）が設置されました。前者が政策立案、法整備、自治体支援、後者が課題の整理と方針提示を行うといった役割分担をしています。

2010年にオープンした「ゆいま～る那須」では、入居者が自分のキャリアを生かし、ハウス内の食堂でそばを打つ、ヘアカットをする、巡回送迎車を運転するなど、他の入居者のために仕事をして報酬を得ているほか、入居者自身がさまざまな文化イベントやセミナーを企画・開催し、定期刊行物を発行するといったようにハウス運営に参加しているのが特徴です。「ゆいま～る那須」については、後ほど詳しく述べます。

ここ「ゆいま～る那須」に「まち・ひと・しごと創生本部」が注目して、石破大臣の視察が実現したのでした。

◉──有識者会議だけで事業は進まない

栃木県那須郡那須町の雄大な自然の中に作られた「ゆいま～る那須」は、サービス付き高齢者向け住宅です。

２０１０年11月に第1期として18戸がオープン、２０１２年1月には第2期として52戸がオープンし、約1万平方メートルの敷地面積に建つ総戸数70戸の中に、平均年齢72歳の高齢者が76名で暮らしています。敷地の中は、A棟1階建て、B棟2階建て、C棟1階建て、D棟2階建て、E棟2階建ての5つのユニットと、食堂棟、介護棟、共用棟があります（図表参照）。

豊かな自然環境に恵まれた広大な土地を利用したもので、環境共生型の暮らし空間をめざして、「誰もが自分らしく生き、そして自分らしく死ぬことができる豊かなコミュニティづくりは完成期医療福祉」との理念のもとで実践されています。

この「ゆいま～る那須」で大臣一行を迎えて、レジュメ「まち・ひと・しごと創生に向けた、ゆいま～る那須の役割」を準備し、自然環境に恵まれた広大な土地の中で、高齢者

ゆいま～る那須 全体図

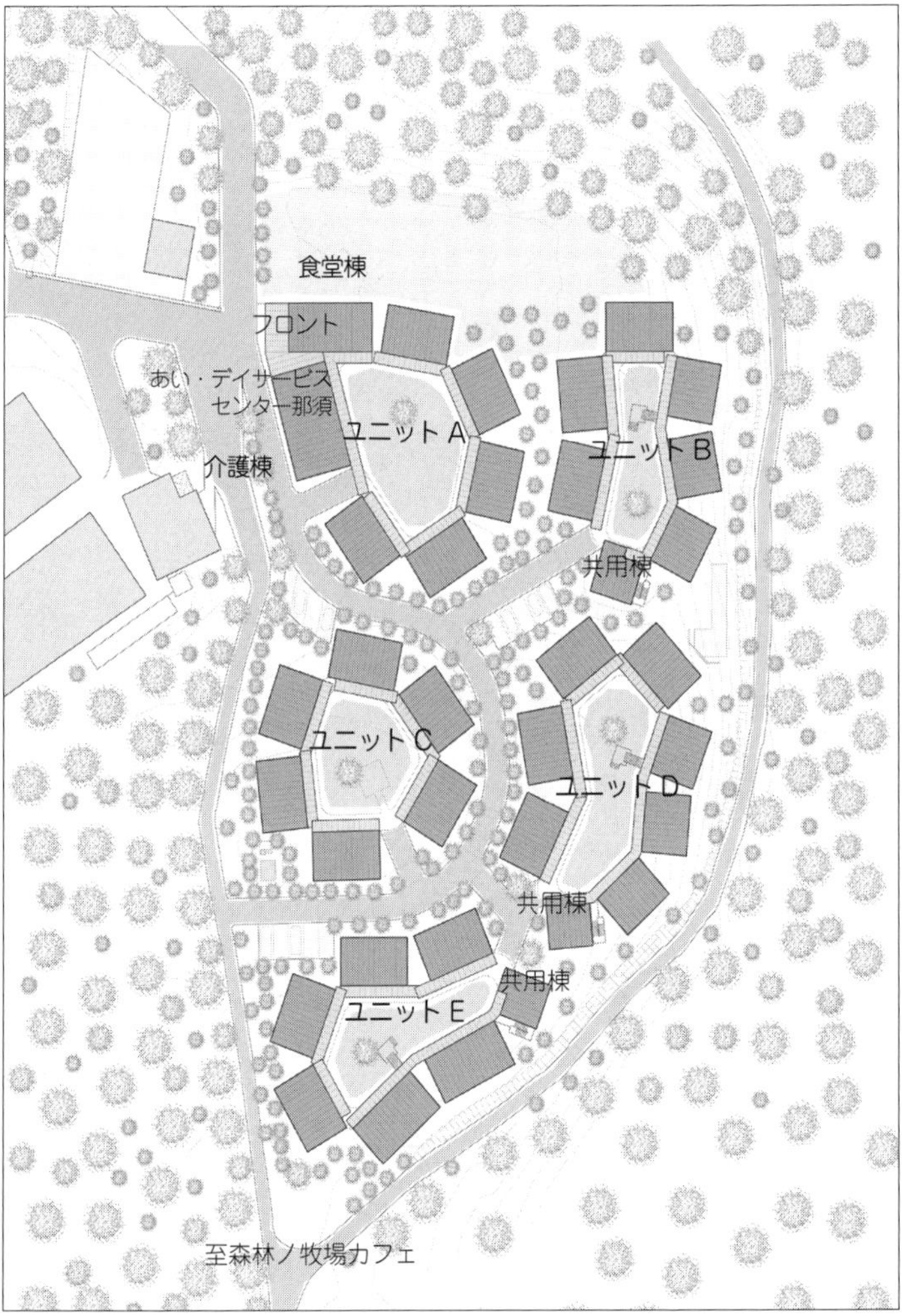
食堂棟
フロント
あい・デイサービスセンター那須
介護棟
ユニットA
ユニットB
共用棟
ユニットC
ユニットD
共用棟
共用棟
ユニットE
至森林ノ牧場カフェ

が仕事をもち、みずからハウスを運営しながら生き生きした暮らしをめざすというハウスのコンセプトをそこで説明しました。

石破大臣は事前にたくさん勉強されており、コミュニティネットの「ゆいま～る」シリーズの仕組みに興味をおもちでした。最後は「ゆいま～る食堂」で、食事とお酒を楽しみながらの懇談となり、そのとき、私は大臣に次のような提案をしました。

「日本版ＣＣＲＣ構想有識者会議のメンバー構成を見ると、素晴らしい方々が揃っておられる。ただし、その多くは学者や研究者、ジャーナリストであり、有識者だけでは課題を指摘し、解決策を提示できても、それを実行することはできない。それを可能にするには事業者の存在が必要である。コミュニティネットのような、事業を通して課題を解決してきた組織が加われば、日本が抱えている現状の問題を解決できるだろう」。

コミュニティネットは、これまで地域が抱える問題を、高齢者住宅の運営を通して解決してきました。「ゆいま～る那須」については、「地元に別荘をもっていた方々が高齢化し、建物と土地を手放して東京に戻ってしまう。どうしたらいいか」という相談を、別荘の販売や運営を行う不動産会社から受けたことが設立のきっかけです。

「日本版ＣＣＲＣを導入するためには、事業者の集まりである連絡協議会が不可欠である」とも石破大臣に申し上げました。

その後、「まち・ひと・しごと創生本部」の事務局の方から、ＣＣＲＣ構想有識者会議で先進事例に関するヒアリングが開かれるので、その場でプレゼンテーションをしてほしいと依頼されました。高齢者、障害者、学生など多世代が支え合いながら暮らしているシェア金沢を運営する社会福祉法人佛子園の雄谷良成理事長とともに私も出席し、入居者が主体となって運営に携わることを基本とする当社の高齢者住宅「ゆいま〜る」シリーズの紹介をしました。２人の報告が終わると、委員をはじめ出席者から拍手が起こり、その場にいた石破大臣は「このような場で拍手が起こるのは珍しい」と驚いておられました。

◉福祉に関する事業の特性

大企業を頂点としたピラミッドにおいて、トップに位置する大企業が利益を上げることで、下部を形成する中小・零細企業がその恩恵に与るという考え方をトリクルダウンの理論というそうですが、地域づくり事業では通用しません。

介護サービス市場は大手数社がシェアの大半を握るといった寡占状態にはなく、トップ企業でも、それは数％に過ぎず、福祉の分野では地元の企業が事業体となることが多いので、中小企業が大企業の下請けとして活動をするケースは少ないのです。

それはどうしてなのでしょうか。

大企業の経営の基本は「いかに無駄を排除して最短距離の道を見つけ、まっ直ぐ進むことができるか」にあると思います。コストパフォーマンスの向上が最重視されるといってもいいでしょう。しかしながら、福祉の現場はその対極にある世界です。

「労多くして、益なし」ということもしばしば起こります。徹底して無駄を省いた結果として得られる高い効率性が、地域の福祉事業において、手間ひまがかかる事業の進め方と摩擦を起こすのです。最小のコストで最大の利益をめざそうとする大企業の価値観と、予測困難な事態に対応する非効率な世界で活動する中小企業のそれが、相乗効果を発揮することなく、ぶつかってしまうといっていいかもしれません。

介護サービス市場への進出を検討している大手企業は、「人間の生活は無駄も含めて成り立つもの」という発想をもって、従来の自分たちの経営手法が通じないこともあると認識しておくべきでしょう。

そして、参入の際には、コミュニティネットのような中小企業との連携が必要です。それはトリクルダウンのような上下の関係ではうまく機能しません。たとえば、大企業の側が豊富な資金力を提供し、その代わりに地域に根差した中小企業のノウハウを活用しようとすると、たいてい現場は混乱します。なぜなら「いいとこどり」をしようとするからです。

物事にはつねに裏と表があります。成功の後ろには、多くの失敗があり、何かを達成するために、何かを犠牲にしなければならない。成功したければ、何かを達成したければ、プラスとマイナスの両方を引き受けなければ事業は前に進まないのです。

企業のコンプライアンスを例にとれば、会社を透明性の高い組織にするためには、自分たちの欠点をさらけ出す覚悟が必要であるのと同じ。この傾向は福祉の分野において、とりわけ顕著だといえるでしょう。

上述したとおり、大企業の市場シェアが数％に過ぎない介護サービス市場において、大手が参入している分野は、建築、デベロップメント、資金提供などに限られています。高齢者と直接向き合う機会は多くありません。仕事のノウハウやスキルを身につけるのは現場で働く中小企業の人たちなので、彼らの声を軽視すると、事業は行き詰ってしまいます。

●――H社の事例から見る企業間の連携

ここでは、コミュニティネットの「ゆいま〜る」シリーズの建設を多く手がけている福島県郡山市に本社をもつH社を紹介しましょう。

同社は、建築・土木に関する企画開発から設計・施行・管理、さらにはメンテナンスに至るトータルコーディネーターとして建設にかかわることを目標に掲げ、福島県平田村にある廃校を改修して、福島第一原子力発電所の事故で故郷を去らざるをえなくなった人々を受け入れる住宅建設プロジェクトなどを構想しています。

平田村は、いわき市に隣接する人口6411人（2016年2月末現在）の小さな自治体です。芝桜で有名な同村に、原発周辺で暮らしていた人々の避難先ではなく、新しい故郷をつくるため、自分たちの建設技術を提供できないかと考えているのです。

コミュニティネットは、こうしたパートナーの方々と各地で手を組んで、全国各地に1000カ所の拠点を設立したいと思っています。

「1000」という数字が出されて面食らうでしょうが、これについて説明します。

私が人と会うときは、その人の後ろに50人がいることを意識しています。目の前の1人と共感できれば、その後ろの50人とも共感できる。それに従えば、ある地域に入居者60人の高齢者向け住宅をつくった場合、その方たちの後ろには3000人の仲間がいることになります。仲間とは家族や親戚縁者、友人・知人だけではありません。地元の行政や商店街、あるいはボランティアの人々なども含まれます。

そうした拠点が全国1000カ所で生まれれば、コミュニティネットの理念を共有してくれる方々は300万人に達する計算になる。それだけの数の声が集まれば、介護業界の利益を代表して社会に働きかけができるようになるでしょう。

そのための触媒役を果たすのが地域の中小企業です。

コミュニティネットが自力で拠点を展開していくのではありません。フラットな関係をもつパートナーが全国各地にいるというイメージをもっていただければいいと思います。

◉地域づくりと中小企業の相性

日本創成会議による「消滅可能性都市」に、全国の自治体は大きなショックを受けました。少子高齢化や過疎化の急速な進行に対応しきれず、現状を何とかしたいと思いながら、有効な対策を立てられない。彼らの危機意識は、経済規模が縮小していく中、生き残りを図る中小企業のそれと同じでしょう。両者はともに現状の変化を切実に求めています。

それに比べると、首都圏ならびに大企業の変化への渇望は大きくないように思えます。社会のメインストリームにいる彼らは、地方や中小企業よりは既存の構造からメリットを得る立場にいるからかもしれません。

中小企業の下請け、零細企業の孫請けといった仕組みは、高度経済成長時代の賜物です。それは、昨日よりも今日、今日よりも明日のほうが豊かになれると国民の大多数が実感できていたからこそ有効でした。右肩下がりの現在では、大企業が外注を減らし、自分のところで事業を行う傾向にあります。

地域づくりに企業の存在が不可欠であることはすでに述べました。しかし、民間企業が前面に出るのは難しい。というのも、地元住民から「一企業の利益のための事業」と勘違いされる恐れがあるからです。

それを避ける有効な手立ての1つは、行政や大学などとまちづくり会社を設立することです。社長には首長が就任し、実務は民間が担う。出資比率も行政のそれはできるだけ小さくして、リスクを負わないようにする。そうすればまちづくり会社は消費者と直接つながれるでしょう。

高度経済成長時代のまちづくりといえば、デベロッパーが主導する箱モノづくりでした。まずは建物をつくって、そこに住む入居者を探す、というやり方であり、多摩ニュータウンや高島平団地など、マンモス団地の造成は、その時代のモデルだったといえます（当時の都心部は木造アパートが多く、国民に広く住宅を供給しなければならないという時代の要請も無視できませんが）。

しかし、日本の社会が少子高齢化へと進み、経済が縮小していく中で、従来の手法は通用しなくなりました。今の時代に有効なのは、入居に関心のある方、町で暮らしている住民、自治体の担当者など、その地域にかかわっている人々のニーズに応えながら進めていくというものです。

●──「ゆいま〜る中沢」と「ゆいま〜る高島平」

多摩ニュータウンや高島平団地が抱える問題の解決にコミュニティネットが貢献した例を紹介しましょう。

前者の例は「ゆいま〜る中沢」です。

多摩センター駅（京王・小田急）から徒歩で15分ほどの小高い丘の上に立っています。多摩ニュータウンでは現在、急速な高齢化、それに伴う独居の高齢者の増加に対して、地域包括ケアの確立をめざしています。

「ゆいま〜る中沢」は、医療法人・天翁会の所有する新天本病院に隣接しており、ここでは長期療養の必要のある、あるいは重度の障害のある患者を対象とした心身機能の維持や向上をめざした治療や認知症の方への生活リハビリなどが行われています。

天翁会の協力を得た「ゆいま〜る中沢」はA棟とB棟に分かれ、前者は1K〜2LDKまでの間取りの住居、クリニックと訪問介護ステーション、地域に開放された食堂、後者は見守りが手厚い住居、小規模多機能型居宅介護やグループホーム、有料ショートステイなどが整備されています。入居者だけでなく、地域の高齢者も利用できる医療・介護施設の役割を果たし、住民全体の福祉をサポートすることをめざしています。自宅に住みつづけたいと思っている地域の高齢者のために外来診療のサービスを提供する、それが難しい場合は訪問医療や介護のサポートを充実させ、なるべく入院あるいは高齢者向け住宅に入ることなく、人生の完成期を迎えられるようにするためです。

後者の例は「ゆいま～る高島平」です。

高島平団地では核家族化が進む中、多摩ニュータウンと同様、世代交代がなされず、空き家が点在するようになりました。そうした現状に対して、その空き家をコミュニティネットがUR都市機構から借り受け、バリアフリーの高齢者住宅に改修しました。対面に立つ建物の1階にフロントを置いて、生活コーディネーターが日中常駐することで、相談、安否確認、ケアマネジメント、緊急時の対応などを可能にするというもの。警備会社のセコムとの協力で「マイドクタープラス」という携帯の端末機を使って安否確認を行い、緊急時、夜間はセコムのサービスがカバーしています。

既存住戸を改修することで建築費をおさえることができ、42平方メートル強という広さで家賃10万円を切るということができました。

コミュニティネットが高齢者向け住宅を建設する際、先に建物をつくることはありません。どのような住まい方をしたいのか、どのような空間で日々を過ごしたいのか。入居者が求める建物と地域のあり方（ニーズ）を基本にプロジェクトを進めてきました。こうした事業の進め方は、大企業主導では難しいでしょう。

2　地元企業と連携してのまちづくり

●地域密着型企業をサポートする

次に、地元企業にどのようなサポートが可能かについて考えてみたいと思います。それには、企画やアイデアといったソフト面と融資などの資金面のそれが想定されます。しかし、お金を抜きにした支援はあまりない。たとえば、地域間で農産物と海産物を交換するというお金を通さない物流の仕組みをつくるとしましょう。

内容は企画・アイデアであっても、その実現のためにはお金が必要です。輸送手段の確保、商品を保管する倉庫など、数百万円から1000万円くらいの規模になるのではないでしょうか。地域づくりの現場をみると、中小企業やNPO法人が各自ばらばらで活動しているケースが少なくありません。その理由の1つとして、彼らのもつ理想や夢が大きいということが挙げられます。

事業者の思いが強いと他者との連携は難しくなります。なぜなら、連携とは「妥協」でもあるからです（いわゆる革新政党や団体がかつて同じ理想を掲げているにもかかわらず、反駁し合っていたのは、互いの理想の強さが原因だったのではないでしょうか）。

自分が正しいと思うことを貫くのはいい。でも、そこに固執することで最終的な目的の実現を断念してしまっては、本末転倒です。

今後、経済情勢がますます厳しくなれば、今以上に地域の福祉事業の展開が難しくなるでしょう。当事者は否が応でも連携（妥協）せざるをえなくなります。

たとえば東北の被災地にしても、補助金が入っているうちは、地元の飲食店やホテルも潤うので、他者（他社）との連携を真剣に考えることはありません。しかし、補助金が打ち切られれば、息切れする人が出てきます。他者（他社）と手をつなぐ必要に迫られるのです。

連携とは、自分の弱さを自覚したときに可能になります。これは105ページのところで述べた「自分たちの欠点をさらけ出す覚悟」とも通じるでしょう。己の弱さを知る人や組織は強くなります。各地域での活動に四苦八苦している人々が他者と手を携えれば、それは世の中を変える力に転化すると思います。

●――地域の金融機関がまちを支える

地域経済を下支えするのは信用金庫や信用組合です。地元の中小零細企業の存在があってこそ成り立つ金融機関といえます。

2012年2月にNHKで放映された『〝魚の町〟は守れるか―ある信用金庫の二〇〇日』というドキュメンタリーでは、東日本大震災で津波による甚大な被害を受けた宮城県気仙沼市の企業が取り上げられました。この番組に登場する水産加工会社は、首都圏の高級レストランにフカヒレを出荷していたのですが、工場をはじめすべてを流され、市内の高台で再建をめざしています。しかし、メインバンクの銀行は工場新設のための追加融資をしてくれません。

同社の経営者が訪れたのは地元の気仙沼信用金庫でした。再建に必要な融資額は約4億4000万円。担保になるものはありません。

そこで、信金担当者は日本政策金融公庫に相談し、被災地向け農林漁業の事業資金、2億8000万円の融資を取り付けます。さらに残りの1億6000万円のうち、8000万円に同公庫の保証をつけてもらい、信金が背負うリスクを8000万円にまで抑えました。水産物は地元の大切なブランド。水産加工会社の将来性に賭けた気仙沼信金は計4億4000万円の貸し付けを決断します。さらには同社が銀行から借り入れていた約2億円も肩代わりしたのです。

信用金庫は地元の中小零細企業再生の可能性を見捨てたら、自分たちの存在価値が問われる。そんな地元の金融マンの気概を示す番組でもありました。

しかし、そうした地元密着型金融機関は厳しい時代を迎えています。グローバル化により世界規模で資金を調達することが可能になると、日本の有力企業は銀行から資金を調達する代わりに、欧米の金融市場で直接的に社債を売ったり、株式を上場したりするようになりました。

一番の貸出先である大手の会社からお金を借りてもらえなくなった銀行は、これまで融資先として相手にしてこなかった中小企業や個人をターゲットにすることで、信用金庫や信用組合と競合するようになっています。信用金庫は地元の客層や地域の産業に関する知識を蓄積しているものの、地域経済が疲弊していく過程で資金力に勝る大手銀行に押されてしまうかもしれません。

コミュニティネットの事業への賛同者に投資してもらって設立された地域活性ファンドという会社があります。将来的には、同社が、日本の各地で福祉や介護の事業を展開している中小企業やNPO法人のうち、企画やアイデアはあっても、資金面がおぼつかない事業体に必要な資金のサポートをしていけるようになることを期待しています。

バングラデシュのグラミン銀行という金融機関をご存知でしょうか。同行の創設者であるムハマド・ユヌス氏は自国の貧しい人たちが仕事をもって自立できるようマイクロクレジットを供与しています。たとえば、衣服をつくるミシンや乳牛を飼うために必要な設備の購入資金といった小口の融資。相手に資産はないので、無担保ですが、5人グループをつくり、連帯して返済に責任をもたせるようにしています。

このマイクロクレジットの特徴は、貧しい人々を「施し」の対象ではなく、「顧客」とみなし、さまざまなアドバイスを与えて優良な借り手とすることにあります。ユヌス氏とグラミン銀行は2006年、それまでの活動が評価されノーベル平和賞を受賞しました。

今後、日本経済が縮小を続け、地方がますます疲弊していく中、信用金庫や信用組合といった地域に根差した中小の金融機関が将来の危機を乗り越えるために、マイクロクレジットの手法は重要な役割を果たすかもしれません。

ピラミッド型からネットワーク社会へ

大企業とのシェア争いで中小は太刀打ちできないかもしれません。大企業には潤沢な資金があるからです。

しかし、大企業と中小企業の社員がやる仕事の種類と量を考えてみてください。

たとえば、大企業の営業マンは大きな業績を上げることを求められます。一方、中小企業の社員は、取り扱う案件の規模は小さいとしても、営業に特化した仕事だけではなく、広報から経理まで、やれることはすべてやらなければなりません。

大手メーカーには、生産も下請けにやらせているところがあります。自社に蓄積されてない新しい技術やノウハウが必要な場合には、それをもっている企業を買収すればいいと考えているのかもしれませんが、M&Aを通して会社の規模が大きくなったとしても、提供するものが既存の技術により生まれた商品だとすれば、ビジネスは長続きしないでしょう。

仮に大企業と中小企業の社員が裸のまま外に出されたら、そして、そこが地域に根差した場だとすれば、生き残りの可能性が高いのはどちらでしょうか。柔軟な対応ができるのは後者だと思います。

これまでの日本における大手企業と中小企業の関係は、犬と尻尾の関係にたとえられるかもしれません。犬の気分（大企業の業績）によって、尻尾（中小企業の経営）は振り回されたり、垂れ下がったり、ときにはトカゲのしっぽのように切り捨てられたりしてきました。

それは高度経済成長時代の、大企業に下請けの中小企業がいて、さらに孫受けの零細企業が底辺を支えるピラミッド構造に由来しています。こうした従来の構造が、経済成長が望めない日本において存続しえないことは明らかになりました。

地域に根差した事業、とりわけ今後、需要が拡大していく福祉の分野では、大企業が多くのシェアを占めるのは難しく、必然的に地域密着型中小企業がみずからイニシアチブを握ることになるでしょう。彼らが身につけている独自のノウハウ、しなやかさ、そして粘り強さを発揮できるフィールドは、環境や福祉の分野だけでなく、さまざまな産業においても広がっていくかもしれません。

ピラミッド型から個々の企業がフラットなかたちで連携するネットワーク型へ。それを求める時代が、いまそこまで来ていると思います。

4章

まちを元気にする NPO 活動

辻 利夫
認定 NPO 法人まちぽっと理事

1　まちづくりにかかわるＮＰＯの活動

◉──それはＮＰＯ法の制定から始まった

１９９８年12月に特定非営利活動促進法（通称ＮＰＯ法）が施行され、地域再生・活性、福祉、住まい、環境保全などに関連したまちづくり事業を行うＮＰＯ法人が全国各地で誕生しました。

こうしたＮＰＯ法人は、ＮＰＯ法が制定される以前から地域をベースに任意団体のＮＰＯとしてまちづくりの活動を行ってきたところと、法制定を機にＮＰＯ法人を立ち上げてまちづくりの事業に取り組む起業型の団体に大別できます。

まちづくりにおけるＮＰＯの役割を考えるステップとして、まず市民がＮＰＯ法人を立ち上げてどのようなまちづくりの活動、事業に取り組んだのか、その事例から見ていくことにします。

なお、事例については当該ＮＰＯ法人が地域を基盤に設立され、事業を立ち上げて軌道にのせていくまでを取り上げていますので、取材した当時と現在とでは事業状況などが変化していることをお断りしておきます。

●――高齢者の住まいをつくる1億2000万円の夢

2000年夏、江戸川区の某企業の男子寮が空き家となり、有効に使ってほしいという依頼が、地元の生活クラブ生活協同組合に舞い込んだことから、生協組合員有志が地域の人々に幅広く声かけをして「江戸川区に高齢者の住まいをつくる会」を立ち上げたのが始めの一歩でした。

プロジェクトチームに集まったのは建築士・コンサルタント・弁護士・税理士・不動産関係者など住宅に詳しい人たちです。話し合いを重ねて「いまほしいのは、元気だけれど1人暮らしはちょっとさびしいし心配でもある、という高齢者向けの共同住宅」ということにまとまり、プランを検討していた同年末に、企業の方針転換であっけなくこの話は頓挫してしまいました。

ここで挫《くじ》けずに、次のチャンスを待っていたところへ、「倉庫にしていた土地が空いた。建物は土地所有者が建てるので、運営は『高齢者の住まいをつくる会』に任せたい」という話がきたのです。

今回は、話が具体的になってきたので、事業主体として法人格が必要ということから

2002年7月にNPO法人「ほっとコミュニティえどがわ」を設立しました。

プランを練り上げて、2、3階部分を共同住宅とし、1階には居住者だけでなく近隣の市民とも交流できるようにコミュニティ・レストランを入れるプランができ、「ほっと館」と命名したところで、事態が急転しました。

土地のオーナーが「将来的に建物の所有権もNPO法人に帰属したほうがいいので、借地料は固定資産税程度でいいから、建物はNPOで建ててほしい」と要請してきたのです。運営を任されるのと、建物を建てるのとでは必要とする資金は天と地ほども違います。

当初の資金は、NPOが出資する予定だった1階部分の内装費1000万円。1口5万円の擬似私募債「ほっと債」を発行して賄う見通しを立てていたのですが、建物を建てるとなると1億2000万円という膨大な建築資金が必要です。

「ほっとコミュニティ」の理事会は、居住者が将来的に安心して住みつづけられることを考え、自分たちで費用を捻出し、建物を所有することを決意。「自分らしく暮らしつづけることのできる住まい」「人と交わって自立することのできる住まい」「地域の中で育ちあうことのできる住まい」の3つのコンセプトで運営される、高齢者を核とするコミュニティハウスという、夢の実現に向け資金調達に奔走します。

補助金や助成金など使える公的制度や、民間の制度を探してみましたが、条件が「ほっと館」の趣旨を曲げることになったり、種々の制限があったりで結局は使えるものがありません。民間の金融機関は「担保のないNPOには融資できない」と門前払い、NPOを対象に融資する市民組織も、実績のない新規事業で、大口融資とあっては無理とのことでした。

地元の金融機関の協力も得て

そんな中、「ほっと債」購入者の小松川信用金庫の職員が金庫側の窓口となって、一定の預金を積めば融資を検討すると話を進めてくれたのです。それなら、自力で何とか原資を集めようと1口100万円の「ほっと融資」を募集。2％の利子がつくとはいえ、「雲をつかむような話」に資金を提供してくれた奇特な仲間は26人で、2600万円を調達。先行していた1口5万円の「ほっと債」には、1階にオープンするレストランの利用券を付けた募集を継続して1000万円を達成しました。

そして、小松川信用金庫はこの3600万円の預金を担保に、地域への社会貢献の一環として5000万円の融資を決定。やはり、NPOの最大の財産は市民の理解と人間関係、人を巻き込む力であると、メンバーは再認識したといいます。

それでもまだ必要な資金が不足しているところで、生活クラブ生協と組合員の運動グループが中心となって、２００４年に東京コミュニティパワーバンク（ＣＰＢ）が発足したのです。

地域で市民のお金を回し、地域社会に貢献する事業に融資するＮＰＯバンクです。ただちに東京ＣＰＢに９００万円の融資を申請し、第1号融資先に選ばれました。

ここまでで集めた資金は９５００万円。これに仮契約の入居者6人の入居金（１人４８０万円）を足すと、不可能と思われた〝あの〟１億２０００万円の建築資金ができたのです。

そして、２００４年12月13日、江戸川区役所近くの約１００坪の土地に鉄筋3階建ての「ほっと館」が完成しました。2、3階を10戸の高齢者向け住まい、1階に地域のコミュニティスペースとしてコミュニティ・レストラン「ほっとマンマ」と小児科医院が入りました。

２０１４年12月、10周年の記念イベントを開いた「ほっと館」は、借金を順調に返済しています。共同住宅のほかに1階部分にコミュニティ・レストラン、小児科医院を入れた複合事業として多様な事業収入を確保しました。それらが地域の中で受け入れられたことで、安定した収入源となっていくに従って融資返済の際に大きく役立つことになりました。

2　NPO活動がまちを元気にした

空洞化した商店街にデイサービスを開設

バブル経済がはじけてから10年。JR木更津駅の西口から木更津港に向かう広い通りの商店街は、平日の昼下がりでも、歩く人もまばら、空き店舗もあちこちに点在します。

2002年11月、NPO法人「井戸端介護」では、木更津駅から歩いて5分ほどの、ある空き家を借りて、定員10人のミニ・デイサービス（通所介護施設）「井戸端げんき」を開設しました。

この空き家は商店街の履物店の本宅だったところです。履物店と本宅は、競売された物件を両方ともに商店街振興会が買い上げて、履物店は振興会みずからが地域の交流と販売促進を兼ねた「ふれあいプラザ」を運営しています。プラザの脇の路地を入ったところにある、「井戸端げんき」の1階の広さは100平方メートル。月7万円だと格安に思えるけれど、競売物件で2年間も放置されていたのを片づけるにあたって苦労もあったと聞きます。

「井戸端介護」代表の伊藤英樹さんがＮＰＯ法人を立ち上げて、この場所にミニ・デイサービスをスタートさせたのには、熱い思いがありました。伊藤さんは日本社会事業大学を卒業後に、「やりたい仕事をしたい」という希望をもって、社会福祉法人が運営する児童施設や障がい者施設を点々としてきたそうです。

しかし、どうしても「利用者がしたいことをしてあげられない」という思いをぬぐえずに、父親が倒れたこともきっかけとなって独立を決意しました。ＮＰＯ法の制定が決意を促したといいます。

「社会福祉法人でなくても、ＮＰＯ法人でもデイサービス施設を運営できる、既存の施設ではできないことができる」と、伊藤さんは思いの実現に向けて動きます。公民館で仲間を募るセミナーを開いたけれど1人しか来なかったことなどで、孤軍奮闘がしばらく続いたそうです。

じつは、伊藤さん自身は横浜の出身です。ではなぜ木更津なのか。両親が隣接する君津市の出身ということもあって、木更津にはよくフェリーで遊びに来ていたそうです。活気に満ちていた木更津を知る伊藤さんは、「この街を元気にしたい」という思いもあったといいます。

木更津にはすでに大規模な特別養護老人ホームが4カ所ありましたが、伊藤さんたちがめざしたのは、「小規模で多様なニーズにこたえる施設」でした。そんな自分たちを求めるニーズもあるのではないかと考え、チャレンジしたのが「井戸端げんき」です。

施設への改造は、日本家屋の玄関の上がり框《がまち》やトイレに手すりをつけたくらいで、基本的にはそのままを維持しています。玄関があり、8畳2間と6畳の和室、台所と浴室に大家族が仲良く暮らす、かつての日本の生活形態のイメージそのものです。

年中無休で、開所時間は朝7時半から夕方6時過ぎまでと決められていたのですが、延長は可能です。宿泊場所もあり、希望があれば泊まれます。

「井戸端げんき」ではボランティアの協力のもと、食事づくりから入浴、排泄などの介助、おしゃべりから遊びを兼ねたリハビリや、近辺の散歩、ドライブ、昼食の食材を買うための買い物などを利用者と一緒に行っています。

「したいことをしてあげる」「みんな元気に楽しく過ごす」ことが目標ですから、プログラムや時間割などはないのです。

これは、既存の施設が企画ばかりつくり、不自由なことばかりだったことの反省からです。利用するお年寄りが主体、時間は自由、やりたいことをやる。たとえばお風呂には入りたいときに自由に入れます。

ここにはさまざまな人が集います。介護保険の対象になる人が基本ではありますが、軽度の障がいのある人や、元気なお年寄りなどはボランティアの役目も果たしています。

新しく自由な発想と、今そこにあるお年寄りのニーズにこたえること、そのような伊藤さんの考え方に共感する人は少なくありません。伊藤さんはまちづくりにも積極的に取り組んでいて、地域のイベントへの参加や、施設の一般開放、ケア研修会など、自由な発想を大切にして、どんな人でも過ごせる、そんなまちをめざしているといいます。

現在は、近くに同じく定員10人の施設をもう1カ所と、宿泊できる施設を1カ所運営しています。定員は合わせて20人、延べ50人ほどが利用しています。

◉——空き店舗活用と子育て支援・交流のまちづくり

NPO法人「ふれあいの家　おばちゃんち」は、地域の子育て交流ルームとして、旧東海道品川宿・北品川商店街の空き店舗を改装して、2006年11月に「子育て交流ルーム　品川宿おばちゃんち」としてオープンしました。事業は、子育て家庭のリフレッシュや冠婚葬祭時の預かり保育、公立保育園では対象になりにくいパート就業者なども対象にした短時間契約の保育です。

「品川宿おばちゃんち」は、京浜急行北品川駅から旧東海道にそって商店街を歩いて5分ほどのところにあります。木造2階建てで1階は保育ルーム、台所、トイレ、カフェ。

2階は4畳半の和室と倉庫になっています。

旧東海道に面する表側は、両引き戸を開けるとお休み処「街猫カフェ」になっており、コーヒーが1杯100円で飲めます。猫の額ほどの広さで3～4人がひと息つける空間です。地域の人たちとも広く交流できるように併設されています。

奥の手洗いには、買い物途中の親子も利用できるようにおむつ替え用の折りたたみベッドが設置してありました。カウンターの向こうには、楽しそうな保育ルームの様子がガラス越しに見えます。保育ルームの入口は建物横の路地を入ったところにあり、玄関は引き違い戸です。注意して探さないと通り過ぎてしまいそうな14坪あまりの普通の民家です。「保育ルームはこぢんまりとした広さが大事で、この広さだから、家庭の雰囲気が保てる」と代表の渡辺美惠子さんはいいます。

このまちで育った渡辺さんがめざすまちの姿は、半世紀くらい前まであったような北品川宿で、人と人のつながりがどこにでも見られて助け合い、庶民の生活が息づくまちです。

中野区の児童館勤務を定年2年前に母親の介護のために退職して北品川に戻った渡辺さんは、子どもが泣いたり遊んだりする声や、生活したり労働したりする姿や会話などが見えない世界が広がっていることを感じたそう、今は子どもが泣くとサッシの窓をぴたっと閉めて、まわりに迷惑にならないように密室で息を殺して子育てしていることを実感したといいます。「息を殺しての子育ては苦しいでしょう。ここに拠点をつくったことで、子どもが泣くことが当たり前の状態にしたい」と渡辺さんは考えたのです。

思いを同じくする8人で2003年3月にNPO法人を設立。赤ちゃんから高齢者まで世代を超えて誰もが気軽に集い、ふれあいができる身近な場所、互いに支え合いともに育ち合って暮らす、そんな「まち」をめざしました。

活動は月1回、赤ちゃんから大人まで誰もが楽しく外遊びをする「ホットほっとHOT」から始まり、2004年には子育て中の人が毎週1回集まり、未就学の子どもたちがスタッフと楽しく遊んでいる間に、大人同士の憩いの時間をもつ「みこちゃんち」を、2005年には「保育サポーター養成講座」をと、相次いで開設しました。講座修了者の中から認定されてNPOに登録した人たちが、子育て中の親を支えるサポーター派遣システム「えくぼ」を担うようになっていきます。

こうした活動が軌道にのってくると、まちの人とかかわる活動拠点を日常的に確保したいと地元の商店街の有志などと相談して、空き店舗活用事業を行っているNPO法人「東海道品川宿」にもちかけると、「東海道品川宿」でも、飲食店以外の空き店舗活用として福祉分野で何かできないか模索していたそうでした。商店街の飲食店の昼の繁忙時に子どもをみてほしいというニーズもあり、店じまいしたばかりの店舗を借りる段取りをつけて、

２００６年に品川区に相談しました。

空き店舗を解消し商店街を活性化したい産業振興課と、就労形態の多様化に伴って需要が増えている短時間保育や一時保育を充実させたい保育課の、２つの担当部局が連携し、調整役を果たし、空き店舗を活用した子育て支援事業（一時預かり事業、短時間契約保育、子育て相談、子育て講座、子育てサークルの育成事業）を、「ふれあいの家　おばちゃんち」に委託するかたちで２００６年11月に「品川宿おばちゃんち」の開設へと導いたのです。

店舗改修費用と家賃を、３年間にわたって東京都と品川区が3分の1ずつを補助し、残る3分の１は事業主体のＮＰＯ法人「東海道品川宿」が負担。「おばちゃんち」は、運営費に必要だった３００万円を「東海道品川宿」の有志の人たちに融資してもらい、9年間で返済していくことになりました。

「おばちゃんち」は今や13事業を展開するまでになっています。

3　多様な非営利法人制度とまちづくりの広がり

●市民の手によるまちづくり

江戸川、木更津、品川の事例からもわかるように、市民や市民団体がまちづくりの事業を展開するときに、土地や建物の所有・賃貸借、融資の契約、行政の補助金・助成金の申請、取引や資金調達における社会的信用などで法人格が必要となります。NPO法の制定によって、市民でも容易に法人格が取得できるようになったことが、市民によるまちづくりが広がるきっかけになっています。

それまでは、NPOという非営利の市民活動組織が法人格を取るとなると、公益法人の社団法人や財団法人、社会福祉という特定の事業に限定すれば社会福祉法人と、選べる対象が限られていたのです。

しかも非営利法人になる要件は厳しく、行政から自立した民間の市民団体にとってはほぼ不可能でした。こうした不自由な規制の壁の突破口になったのがNPO法です。市民団体の活動が12の分野のいずれかに該当していれば（現在は20分野）、NPO法人をかなり自由につくることができるようになったのです。

その後、2006年に、それまでの社団法人・財団法人制度が廃止されて、一般社団・一般財団、公益社団・公益財団という新たな非営利法人制度がスタートしました。とりわけ、一般社団法人・一般財団法人は登記するだけで簡便に法人格を取得できることから、さらに選択肢が広がり、NPOの法人化が容易になったといわれます。

一方、2005年の会社法の制定では、それまでの有限会社を廃止して株式会社に一本化されて、新たに非営利を標榜したり、営利を限定して社会貢献目的を優先させることができる合同会社が導入されるなど、事業体の世界は非営利の法人はじめ、多様化が進みつつあります。

現行の法人制度は、法人の活動目的によって営利、非営利・公益、その他（非営利・共益系）に分けられます（135ページ図表参照）。

営利とは利益をあげて、利益を株主などの団体の構成員で分配する、いわば「私益」を目的とするのに対し、非営利とは利益をあげることを団体の目的とせず、収益事業によって得た利益は団体が本来目的とする事業に回して、構成員に利益を分配しないこととされ、非営利団体は「公益」あるいは「共益」を目的とします。

公益とは、「広く社会一般の利益」、あるいは「不特定」かつ「多数の者」の利益をいいます。この不特定で多数であることが「公」、または「公共」とされるのですが、その定義が明確でなく、公益の解釈をめぐってはＮＰＯ法制定時にかなり議論となりました。

公益団体は公益の実現のために活動し、そこでの営利活動は公益目的を達成するための手段として位置づけています。一方、共益は、「構成員の共通の利益」とされます。つまり利益を得る対象は構成員に特定され、不特定ではないから公益ではなく共益ということになります。

現行の法人制度では、住宅、福祉施設の建設・運営はじめ、まちづくりにかかわる事業組織には、非営利・公益目的の社会福祉法人、公益社団法人・財団法人、医療法人、ＮＰＯ法人、その他（非営利・共益系）の一般社団法人・財団法人、協同組合（生協など）と、多様な非営利法人が存在し、ＮＰＯそれぞれの趣旨、事業内容、組織形態などによって選択ができるようなっています。

このほかに営利目的の株式会社、合同会社があり、ＮＰＯ法人のもとに合同会社を設けるなどの事例も見られるようになっています。

●――ＮＰＯによる市民参加のまちづくり

非営利法人制度では、公益を目的とする社会福祉法人、宗教法人、学校法人、医療法人

現行の法人制度

	目的	法	法人格
法人	公益	社会福祉法	＝社会福祉法人
		更生保護法	＝更生保護法人
		宗教法人法	＝宗教法人
		私立学校法	＝学校法人
		医療法	＝医療法人・社会医療法人
		NPO 法	＝ NPO 法人・認定 NPO 法人
		公益法人認定法	＝公益社団法人・公益財団法人
	営利（私益）	会社法	＝株式会社、持分会社（合同、合名、合資会社）
	その他（共益等）	一般社団・財団法人法	＝一般社団法人・一般財団法人
		各種協同組合法	＝生協、農協、事業協同組合、信金など
		各種組合法	＝労働組合、共済組合、健康保険組合など

＊中小企業等協同組合法＝企業組合

が1つの業種・分野に特定された法人であるのに対し、NPO法人は20分野、公益社団・財団法人は23分野に該当すれば公益目的とされ、実質的にはほぼすべての活動・事業分野を対象とすることができます。

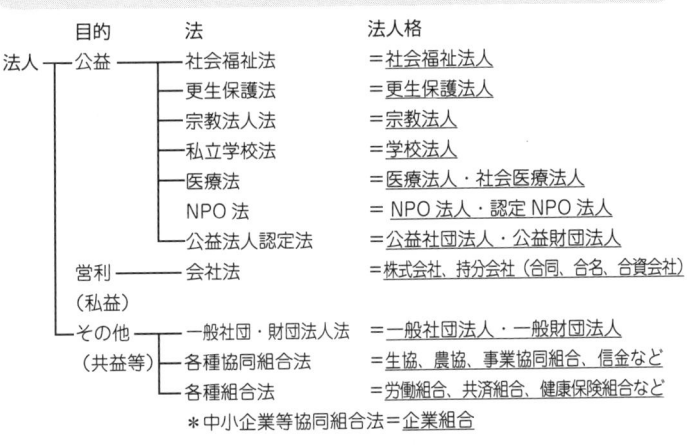

1998年のNPO法制定までは、非営利民間団体の法人格取得は明治29年に制定された民法により国の主務官庁が公益性を判断して許可すると規定されていて、「公益性」の判断を、「公」を体現しているとされた主務官庁の裁量に委ねられたため、きわめて主観的・恣意的に運用されていました。

この規定の基本的な考え方は、国が行う活動だけが「公益」で、民間団体は国が許可したもの以外は勝手に「公益」活動をすることを禁止するということです。国のいわば「公益独占」を根本的に変えたのがNPO法でした。

公益性を客観的に判断できる特定分野を、社会福祉法人などの1つの業種・分野に限定しているのに対し、当時NPO法人は一挙に12分野に拡大したことで、ほとんどの活動が「公益」とされたのです。

つまり、NPOとしての活動がすなわち「公益」となり、国とは関係なく市民が「公益」を判断できることになったのです。この転換により市民による公的活動があまねく広がり、行政との協働を拓き、「新しい公共」概念として定着していきました。

NPO法人の活動分野

※12分野から現在は、次の20分野へ拡大

①保健、医療、福祉
②社会教育の増進
③まちづくりの推進
④観光の振興
⑤農山漁村または中山間地域の振興
⑥学術、文化、芸術、スポーツの振興
⑦環境の保全
⑧災害救援活動
⑨地域安全活動
⑩人権の擁護または平和の推進
⑪国際協力の活動
⑫男女共同参画社会の形成の促進
⑬子どもの健全育成
⑭情報化社会の発展
⑮科学技術の振興
⑯経済活動の活性化
⑰職業能力の開発、雇用機会の拡充
⑱消費者の保護
⑲前各号に掲げる活動を行う団体の運営または活動に関する連絡、助言または援助の活動
⑳前各号に掲げる活動に準ずる活動として都道府県または指定都市の条例で定める活動

こうしたＮＰＯ法を転機とする「公益・公共性の市民化」は、まちという公共空間をベースにしたまちづくりにおいて市民の参加を促進し、さらに自治体の市民参加条例やまちづくり条例に見られるように市民参加を義務づけるまでになっています。

誰がまちをつくっているのか

まちづくりに対する、市民の意識も大きく変わってきたといえます。「まちをつくっているのは誰か」という問いが、たとえば自治基本条例案の審議会などで、市民委員からよく発せられます。

・「まち」とは→人が共同して住み、生活する領域・空間
・「市民」とは→まちに一定のルールのもとで住み生活する人々
・まちをつくっているのは市民→まちづくりの主体（当事者）は市民

このような議論を経て、市民が主体となるまちづくりへの意識が市民に広く共有されるようになったともいえます。そして、市民主体のまちづくりに向けて、市民、地域だけでなく、行政や企業も巻き込んでまちづくりを推進する起動力となるのが非営利の市民活動、ＮＰＯなのです。

たんに財やサービスを提供するに留まらず、人々をエンパワメントして主体性を発揮で

きる環境をつくっていくのもＮＰＯの重要な使命といえます。

まちづくりにおいては、多様な活動をＮＰＯが展開できるのは、１つは社会貢献や社会変革を目的とした、市民の自発性に基づく自由な活動であることと、２つめには、社会のニーズを素早く把握し、ニーズや社会問題に対して、縦割りではなく、総合的に当事者の目線で迅速に対応していくという、行政や企業にない特徴によります。

一方、まちづくりという概念の広がりも大きく関係しています。

高齢者にやさしいまちづくりとか、環境に配慮したまちづくり、安心できるまちづくりといった、都市計画法などの法律の都市計画という概念に、そして縦割り行政に納まらない多様で生活の実感から出てくる市民のニーズを表現したのがまちづくりといえます。

１９６０年代の高度成長期に地方の町や村から大量の人々が都市に集中し、都市が膨張し、いわゆる公害問題や環境問題、福祉の問題などさまざまな歪みが都市問題として現出し、自治体が都市をどのようにつくっていったらいいのか、生活環境をどのように改善していったらいいのかという課題に直面する中で出てきたのが「まちづくり」といわれます。

80年代までに主流だった、公害、開発などによる自然・環境の破壊、歴史的建物や街並みの消滅、大規模・高層マンションの建設による住環境の悪化などに対する異議申し立て・反対の運動から、町おこし・観光振興、地域・コミュニティ再生、住環境の維持・改善、街並み・景観の保全・改良、福祉・高齢者介護・子育て支援などについて、行政や企業に対案を提案したり、自分たちの手でまちづくりを行う実践型の活動が増えてきたのもＮＰＯ法が議論されるようになって以降といえます。地域の市民と専門家がまちづくりの会といったＮＰＯを立ち上げ、対案や事業企画を作成、提案し、運動を支援する中間支援型のまちづくりＮＰＯの活動も、市民主体のまちづくりに大きな役割を果たしています。

5章

住民が担うまちづくり

澤岡 詩野
公益財団法人ダイヤ高齢社会研究財団主任研究員

1 元気な地域づくりに向けた住民の新たな役割

◉──地域コミュニティという「居場所」の今

地域力の低下は限界集落や地方都市に限らず、現代日本の抱える大きな課題となっています。これを少子高齢化のせいにする人も少なくありませんが、虐待や孤立・孤独死などの増加にも見られるように、人と人のつながりの希薄化の影響も無視できません。

実際に、東京のベッドタウンである江戸川区の大規模集合住宅の中高年を対象に行った調査では、回答者の４割が会や団体・サークル活動に不参加で、週１回未満しかご近所の人と会話（あいさつなども含む）をしていませんでした（２０１０年11月、江戸川区に立地する大規模集合住宅の３団地へ「高齢社会に関する調査票」を全戸配布で実施、有効回収率22・１％、回答者年齢は、60歳代が中心で70歳代、50歳代と続く）。

これは、職住分離で現役時代を過ごしてきた企業退職男性で多く見られ、定年退職後の多くの時間を過ごすであろう地域に「居場所（活動や人とのつながり）」をもたない男性の姿が浮き彫りになりました。

それ以上に驚かされたのは、男性に比べてコミュニケーション上手なはずの女性にも、活動にまったく参加していない人や、ご近所とのつながりをもたない人が一定割合存在することでした。この女性たちからは、「子どもが大きくなってからは団地内で親しく話す人もいなくなってさびしい」「仕事を辞めた後は、地域で何か始めたいと思っているが、知り合いもなく不安」など、家庭や職場以外のつながりや、地域にかつてもっていた居場所を失ったさびしさや、居場所を見つけられないことへの不安が語られました。

さらに、3割弱が孤独死・孤立死への不安を挙げており、安心して地域に住みつづけるためにも、地域活動への参加やご近所とのつながりといった「居場所」を創り出すことが重要な課題といえます。

この一方で、東京のベッドタウンである杉並区に居住する75歳以上の1人暮らし高齢者を対象に行った調査では、男性の3割、女性の2割強が「ご近所とのお付き合いは煩わしい」と考えていました（2008年8～9月、東京都杉並区居住の75歳以上で在宅1人暮らし後期高齢者1503人対象に同区が実施、有効回収率56・2％）。

要介護ではない、けれども転倒や罹患などへの高いリスクをもつ1人暮らしの後期高齢者が、緊急時に頼みの綱となる近隣との交流に否定的な気持ちをもっていることに、調査チームでは驚きを隠せませんでした。

今後、とくに1人暮らしの後期高齢者が増加していく中で、どのようなつながり方、地域コミュニティのあり方が求められているのでしょうか。

ここからは、調査結果から、高齢化や担い手不足で地域の基盤としての力を失いつつある町内会・自治会活動に焦点を当て、今、求める地域へのかかわり方を考えます。

●──地域への招待は「ゆるやかに時間をかけて」

「若手（60代）が入ってこないし団塊世代の姿が地域に見えないのはなぜ？」「1人でいくつもの役をこなしていてもう限界」、こんな声を地域活動の現場で聞くことが少なくありません。

とくに、長いあいだ地域コミュニティを支えてきた町内会・自治会では、高齢者の見守りからお祭りの運営まで、80歳の会長さんを筆頭に平均年齢70歳を超えるメンバーが一生懸命になって動いている姿を拝見します。なぜ、若手や新たなメンバーが入ってこないのでしょうか。さらには、なぜ定年退職や子育てを終えて時間に余裕のある、地域では若手と呼ばれる60代の姿が見えてこないのでしょうか。

横浜市の65歳以上の住民を対象に行った「地域での活動と健康に関する調査」の結果から、町内会・自治会での活動とご近所との支え合いに対する意識との関連を見ていきます

（平成25年度厚生労働省老人保健健康増進等事業「高齢者の健康長寿を支える社会の仕組みや高齢者の暮らしの国際比較研究事業」、国際長寿センター申請で実施）。

対象となったのは、介護認定を受けていない横浜市の5区の（神奈川区・港南区・港北区・緑区・栄区）に居住する65歳以上の住民のうち、住民基本台帳より無作為に抽出された2800人です。郵送法によるアンケート調査の結果、有効回答数は1933でした（有効回収率69・0％）。分析対象となった回答者の50・0％（739人）は女性で、平均年齢は72・6歳、現在地の平均居住年数は34・4年でした。

町内会・自治会活動に月数回以上参加しているのは1割、年に数回程度が3割、参加をしていない人が男女ともに6割と、加入はしていても実際に活動していない人が多くを占めていました。ですが、参加していない人が地域とのつながりをまったくもたないわけではなく、ご近所とのあいさつについては、頻繁にしている人が6割以上を占め、まったくしていない人は1割弱にすぎませんでした。

次に、「災害などの非常時には近所で助け合える（非常時の助け合い）」「ふだんからお互いに心配事などを共有し、支え合っている（日常の支え合い）」などのご近所との支え合いに対する意識を尋ねました。この結果、「そう思う」「ややそう思う」と前向きな回答をした人が、非常時の助け合いについては男女ともに7割以上、日常の支え合いでも4割

(男性4割弱、女性5割弱）存在しました。

さらに、男女ともに、町内会・自治会活動に参加していない人よりも月数回程度・年数回程度でも参加している人、近所とあいさつをしない人よりもよくする・時々する人が、ご近所との支え合いに対して前向きな意識をもっていました。

町内会・自治会活動を積極的に行う、近所と頻繁にあいさつするといった地域コミュニティに深いかかわりをもつ人が、ご近所との支え合いに対する意識が高いのは当然の結果といえます。しかし、この調査で注目すべきは、防災訓練やお祭りといった地域行事に年数回程度参加したり、時々でもご近所とあいさつする、といった〝ゆるやかな地域とのかかわり〟が、ご近所との支え合いへの意識を高めていたことです。

限られた人々が地域コミュニティを支える現在のあり方に限界がきている中で、今後は、役員のなり手がいないと嘆くよりも、「ゆるやかに地域とかかわれる多様なきっかけ」を地域に増やしていくこと、さらには、ゆるやかにかかわる人々を巻き込んでいくための「段階的な仕組みづくり」が喫緊の課題といえるのではないでしょうか。

2　地域コミュニティの本当の「主役」とは

●住民が「主役」で役所は「裏方」に

これまで地域で問題が起きたときに聞かれるのは「役所は何をやっていた？」という不満でした。一方で、公的機関から聞かれるのは「前例がない」「うちの管轄ではない」という答えでした。

ですが、最近では、自治体や公的機関に依存せず、町内会・自治会などの地縁組織と連携しながら、住民みずからが解決するという動きが広がっています。

この１つの動きとして、高齢化率が５割に迫り、１人暮らしの高齢者が多く住む東京都新宿区の戸山ハイツの「暮らしの保健室」が挙げられます。

２０１１年９月、この地に暮らしの保健室を開設したのは新宿区ではなく、20年間にわたって都内で訪問看護を続けていた秋山正子さんでした。保健室には、看護師や薬剤師、ボランティアなどが常駐し、薬の飲み方や介護相談、健康や生活にかかわる多様な相談にのっています。

ここの大きな特徴は、医療機関や地域包括ケアセンターのように来訪者のすべてが最初から困り事や悩み事の明確な人ばかりではないことといえます。お茶が飲める、おしゃべりができるという噂を聞いてふらっと立ち寄る人が世間話をしていくうちに、不安を打ち明けてくれることも少なくないといいます。

この現代版の井戸端会議や銭湯のように気軽に寄り合えるオープンな地域の居場所づくりをめざす「暮らしの保健室」の想いに賛同し、同様の取り組みを展開しようという動きが全国に広がりつつあります。

その1つが、著者自身も運営メンバーとしてもかかわる「荻窪暮らしの保健室」です。この保健室が開設されているのは、地域でゆるやかにつながり、障がいの有無や年齢に関係なく、誰もがより元気に暮らすことを可能にする住まい「荻窪家族レジデンス」です。この住まいを創り上げたのは、両親の看取りを通じて既存の社会保障制度や家族頼みになりがちな介護のあり方に限界を感じた杉並区荻窪の住民である瑠璃川正子さんです。

瑠璃川さんは、高齢者施設やサービス付きの住宅を見学する中で、多世代が集い、地域と交じり合いながら暮らせる住まいがほとんどないことに気づいていきます。そこで自宅を建て替え、地域の人が集い、地域と住人がつながれるオープンなコミュニティスペースと、住人同士が家族のようにふれあえる共用空間をあわせもつ賃貸住宅「荻窪家族レジデンス」の建設を決意します（2015年3月竣工）。

この住宅では、そこに住まう、そこに集う誰もが、自分らしく暮らせるためのつながりで「百人力」が得られることを目的に掲げています。現在、この想いに賛同する地域の住民、建築・まちづくり、地域メディア、福祉職、介護職、医療職、行政書士、学生など、多様な人々が立場を超えた「荻窪家族」の一員として、これを実現するための仕組みづくりを模索しています。

この仕組みの1つが、先にあげた暮らしの保健室をモデルとした「荻窪暮らしの保健室」です（同年6月開設）。運営には、地域医療に対する理解のある看護師を中心に、社会福祉士、理学療法士、医師などの多様な専門家がボランティアとしてかかわっています。

これまでの地域づくりでは、暮らしの保健室のような優良事例をそのまま真似しようとするあまりに、実現できないまま立ち消えてしまう、形になっても持続できないケースも多く見られました。「荻窪暮らしの保健室」は、暮らしの保健室のコンセプトを踏襲しながらも、荻窪の地域特性、限られた人材でできる範囲でのあり方を模索し、形にしつつある新たな動きといえます。

この荻窪の動き以外にも、東京都大田区「みま～も（専門職を中心に商店街や地元企業などの多様な地域の主体を巻き込んだ地域包括ケアの新たな形）」をモデルにした、群馬県太田市の「みま〜も・ぐんま」、「富山型デイサービス（障がいや年齢に関係なく誰もがいられる地域の茶の間づくり）」をモデルにした、東京都江戸川区の「江戸川・地域・共生を考える会」の実現した都市の富山型デイサービス「ひなたぼっこ」などが挙げられます。

このような動きに共通するのは、ストイックに優良事例を真似するのではく、その地域に応じたあり方につくり変えていく柔軟性が挙げられます。これができるのも、国や自治体主導の事業ではない、住民や地域の専門職が横断的に連携しつつ、みずから創り上げる地域コミュニティの強みといえます。

●――地域づくりのキーワードは「プロダクティブ」

高齢者は弱者であり、助けてあげるべき存在と位置づけていたのはひと昔前のことといえます。今では、高齢者を社会・地域の担い手ととらえる「プロダクティブ・エイジング」の考え方が普及しつつあります。

この「プロダクティブ」とは、たんにみずからの楽しみにとどまらず、他者に力を提供することを指します。

活動は大きく、有償労働（収入のある仕事）、家庭外無償労働（別居家族への支援、友人や近隣への支援、ボランティア）、家庭内無償労働（家事、同居家族への世話）の3つに分けられます。

これらの活動にかかわることが、高齢者のウェルビーイングによい影響を与えることで知られています。

この影響は男女で異なり、有償労働は男性の抑うつ傾向を低下させる一方で女性では無関係であること、家事などの家庭内無償労働は女性のうつ傾向を低下させる一方で男性ではむしろ高める方向に作用することが明らかにされています。

しかし、ボランティアについては、活動にかかわることが男女ともによい影響を及ぼし、男性では定年退職の否定的な影響が活動により緩和され、女性では家事や家族の介護にのみ従事するよりも、さまざまなボランティアに従事するほうがうつ傾向を低下させることが示されています。

男女ともによい影響を与えるボランティア活動ですが、参加に影響を与える要因は男女で異なります。

男性では1人暮らしではない、人間関係を広げる志向があることが挙げられる一方で、女性では自立度が高く、親しい友人や仲間の数の多いことが挙げられています。

さらに、孤立や地域社会からの埋没予備軍である高学歴の男性では、知識や技術が活用できること、活動の頻度が少ないこと、謝金が支払われることにより、参加意向が高まることが明らかにされています。

有償・無償にかかわらず、高齢者が地域貢献、地域づくりの主役として活躍することは、介護予防や生きがいを見出せる居場所づくりのための「プロダクティブ・エイジング」であるのと同時に、地域コミュニティにとっても多くの恩恵を与えることが期待されます。

実際に、子どもへの読み聞かせボランティアとして活動する高齢者に焦点を当てた研究では、主観的健康感や体力が向上したといった高齢者自身への健康増進の効果に加え、高齢者が近隣に提供するサポートの増加といった地域社会への寄与についての効果が報告されています。

今後は、「プロダクティブ・エイジング」としての地域とのかかわりの意味を広く啓蒙していくことに加え、高齢者と地域コミュニティとの力の循環を生み出す仕組みを創り上げることが重要ではないでしょうか。

◉──誰もが「最後まで輝きつづける」地域コミュニティとは

20～30年という高齢期の長い時間を考えるうえで無視できないのは、心身・認知機能の衰えです。「年齢」と「自立度（日常生活の動作を介助なしでできるか）」の変化を、全国の60歳以上の男女約6000名を1987年から3年ごとに約20年間追跡した「全国高齢者パネル調査」（東京都健康長寿医療センター・ミシガン大学共同研究）の結果では、変化のパターンは男女で異なるものの、多くの人の自立度が低下していくのは70歳半ばからであることが明らかにされています。

高齢者の交流する他者や活動を共に行うメンバーの多くは同年代であることが多く、友人や知人の自立度が同時に低下していく後期高齢期は、人間関係や社会活動の縮小期に位置づけられています。

企業退職者グループの75歳以上の現役メンバーと退会者17名を対象に行ったインタビュー調査では、多くの対象者が70歳代半ばから80歳の間にそれまでにかかわってきた登山やゴルフ、囲碁、学習、地域活動やボランティア活動などの社会活動を止めていました（２０１１年1～12月、首都圏中心に活動する同系列企業退職者グループ、現役会員8名、退会者9名を対象に半構造化面接法で調査）。

この活動を止めていく過程は、「自己の楽しみを主なる目的としたサークル活動」と「他者への貢献を主な目的としたボランティア活動」とでは異なる傾向が見られました。

【自己の楽しみを主なる目的としたサークル活動】

①登山よりもウォーキングといったより身体的負荷の少ないものを残す

②同種のサークルに複数参加している場合はより自宅から距離的に近いものを残す

【他者への貢献を主な目的としたボランティア活動】

①以前のように直接的・積極的にかかわることができなくなることからくる有用感の喪失から完全に活動を引退

②いたわられることでまわりに迷惑をかけたくないというプライドから完全に活動を引退

加齢とともに負荷の少ない活動に移行していくサークルに比べ、ボランティアでは、それまでのパフォーマンスが100パーセント発揮できなくなったときには、迷惑をかけたくないと、みずから活動を止めてしまう人が日本には多く存在します。

しかし、イギリス・オランダの高齢者を対象に行った調査では、異なった傾向が見られます。

この調査は、2013年8月、イギリスとオランダで高齢者の生活支援に取り組むボランティア団体からボランティアとして活動する高齢者メンバーの紹介を依頼したもの。協力の得られたイギリス8名（女性7名、男性1名）、オランダ14名（女性11名、男性3名）へ、1・5~2時間程度のインタビュー形式で行われたものです（調査実施は前述の「高齢者の健康長寿を支える社会の仕組みや高齢者の暮らしの国際比較研究事業」と同じ）。

なんらかのボランティア活動にかかわる高齢者からは、可能なかぎり活動を継続していきたい、今やっている活動が続けられなくてもできることはあるという、継続に対して柔軟で前向きな発言が聞かれました。

中には身体に障がいを抱え、ボランティアとしてかかわる団体からサービス提供を受ける人々も存在し、この人々からは他者のためにできる範囲で、できることをすることへの満足感が語られていました。

ここで大きな役割を果たしているのがボランティアコーディネーターでした。ボランティアとして活動を始めた高齢者が、生きがいをもちつつ、長期的に活動を継続するためには、年齢により変化する活動能力やモチベーションを丁寧に引き出していくことが必要といえます。

このために、高齢者のやりたいことを引き出して実際の活動につなぐだけではなく、個々に異なって変化していく体力やモチベーションに配慮しつつも、能力や主体性を引き出していくといったコーディネーターの存在が必要不可欠といえます。

実際に、体力低下を理由に活動を止めようとする人に対し、コーディネーターにより、負荷の少ない活動への誘導が図られ、高齢者本人が望むかぎりは地域コミュニティの担い手として活躍できる仕組みづくりが行われていました。

本章では、都市部、イギリス、オランダの事例から、元気な地域づくりに向けた住民の新たな役割を検討してきました。コミュニティの希薄化や住民の後期高齢化は、差こそあれ、都市部も地方も共通した課題といえます。この状況の中で、知識や経験の豊富な高齢の住民が主役となり、担い手として最後まで輝きつづける地域コミュニティを創り上げるためには、「コーディネーター」という役割がますます重要になっていくのではないでしょうか。

6 章

まちづくりのための資金調達

戸田 達喜
株式会社コミュニティネット専務取締役

1 「まち・ひと・しごと創生法」予算から

何か事業を1つ立ち上げるには、企画・立案はもちろん大事ですが、事業を展開させるための財政的な裏づけがたいへん重要です。この章では、事業資金の調達についてふれていきます。

●――「まち・ひと・しごと創生法」と予算

はじめに国の動きについてふれます。2014年9月「まち・ひと・しごと創生法案」が国会に提出されて、11月に施行されました（15年9月改正）。

同法案によると、人口急減・超高齢化の日本が直面する大きな課題に対して政府が一体となって取り組み、各地域がそれぞれの特徴を活かした自律的・持続的な社会を創生できるように施策を実施する、となっています。

目的（第1条）には、「急速な少子高齢化の進展に的確に対応し、人口の減少に歯止めをかけるとともに、東京圏への人口の過度の集中を是正し、それぞれの地域で住みよい環境を確保して、将来にわたって活力ある日本社会を維持していくため」、「まち・ひと・しごと創生に関する施策を総合的かつ計画的に実施することを目的とする」とうたわれています。

施策への予算づけは、2015年度から「地方創生関連予算」に始まり、5年間は続きます。詳しくは160ページの図表を参照してください。

本書のテーマである「まちづくり」「ひとづくり」と「地方創生」に際して、展開可能な事業を立ち上げるために活用できる資金調達の方法として、もう少し詳しく説明していきます。

●――2015年度から予算は積み重ねられて

地方創生を本格的に推進するため、2015年度から始まった「まち・ひと・しごと創生関連予算」は、基本理念（第2条）に基づいて事業実施ができるように、各年ごとの予算が組まれています。

2015年度では、①地方創生加速化交付金1000億円、②総合戦略等を踏まえた個別施策（①の交付金を除く）2188億円が補正予算として確保されました。

翌年の16年度には、①地方創生の深化のための新型交付金（「地方創生推進交付金」）1000億円（事業費2000億円）、②総合戦略等を踏まえた個別施策（①を除く。た

平成 28 年度地方創生関連予算等について

①地方創生の深化のための新型交付金（「地方創生推進交付金」）
1,000 億円（事業費 2,000 億円）

☆地方公共団体の地方創生の深化に向けた自主的・主体的な取り組みを支援

❶先駆性のある取り組み

◉官民協働、地域間連携、政策間連携、事業推進主体の形成、中核的人材の確保・育成（例：ローカル・イノベーション、ローカル・ブランディング［日本版 DMO］、生涯活躍のまち、働き方改革、小さな拠点　等）

❷既存事業の隘路を発見し、打開する取り組み

◉地方公共団体自身が既存事業の隘路を発見し、打開するための取り組み

❸先駆的・優良事例の横展開

◉地方創生の深化のすそ野を広げる取り組み

【参考】地方創生加速化交付金（27 年度補正予算）1,000 億円

一億総活躍社会実現に向けた緊急対応として、地方版総合戦略に基づく各自治体の取り組みの先駆性を高め、レベルアップを加速化。KPI と PDCA サイクルを組み込んだ自治体の自主的・主体的な取り組みを支援する。

②総合戦略等を踏まえた個別施策（上記の 1 を除く）
6,579 億円（特別会計による予算措置も含む）

☆「まち・ひと・しごと創生総合戦略」の基本目標別の内訳は以下のとおり

ⅰ）地方にしごとをつくり、安心して働けるようにする：1,895 億円
ⅱ）地方への新しいひとの流れをつくる：649 億円
ⅲ）若い世代の結婚・出産・子育ての希望をかなえる：1,099 億円
ⅳ）時代に合った地域をつくり、安心なくらしを守るとともに、地域と地域を連携する：2,936 億円

③ まち・ひと・しごと創生事業費（地方財政計画）　1 兆円

☆地方公共団体が、地域の実情に応じ、自主的・主体的に地方創生に取り組むことができるよう、平成 27 年度地方財政計画の歳出に、1 兆円を計上

☆平成 28 年度についても、引き続いて地方財政計画の歳出に、1 兆円を計上

出典：平成 27 年 12 月 24 日「内閣官房まち・ひと・しごと創生本部事務局」より抜粋

だし、特別会計による予算措置も含む）６５７９億円、③まち・ひと・しごと創生事業費（地方財政計画）１兆円、④社会保障の充実７９２４億円が計上されました。

次の各予算の詳細内容については図表のようになっています。

①地方創生の深化のための新型交付金（「地方創生推進交付金」）には、地方公共団体に向けて、官民協働で先駆性のある取り組みをしているところとありますので、おおいに参考になる部分です。②総合戦略等を踏まえた個別施策は、ⅳの、時代に合った地域づくりと安心な暮らしを守るための地域連携ですから、この事業も関連することができるでしょう。③の地方財政計画は、地方公共団体が地方創生に取り組む新事業となります。

これらは、「まち・ひと・しごと創生法」の「総合戦略」にあるように、各政策がバラバラとなることなく一体的に取り組まれ、相乗効果の発揮を含めて、効果の検証と見直しを行っていく体制を確保するわけですから、予算は各省庁にまたがっています。

たとえば、②のⅱについては、文部科学省に地域の連携推進事業（地域と学校の協働のためのコーディネート機能の強化）５・９億円の予算がついていますから、「ひとづくり」をめざす組織にとっておおいに活用するといいでしょう。

2 起業時の資金のつくり方

◉──資金のつくり方・集め方はいろいろ

「まちづくり」「ひとづくり」事業に際して、資金のつくり方や集め方にはいろいろな方法がある、ということを知っていただきたいと思います。

まず、人材養成について考える際に、地域をコーディネートする立場にある地域プロデュース業を手がける部門が企業や組織の場合には、そこから給料が出るので資金調達は必要はありません。しかし、こうした部門がない場合には、手の空いた時間などでやる方法と、地域プロデュース業に本腰を入れるために独立する方法があります。

独立して始める場合には給料がなくなるので収入がありません。そのため、どう収入源を確保するかを考えておかなければいけません。

ここでは、独立して起業するケースについて考えてみます。

独立のための準備段階では、事業計画・計数計画の策定が必要です。計数計画では資金計画が重要です。収入源を確保しないと起業の計画はできません。

まず、資金計画に基づいた資金調達の方法を事前に検討しておきましょう。

起業する場合にはどのような収入源があるか想定しておきましょう。どの事業で収入を上げていくのかじっくり見定めたうえで起業することをすすめます。

次のような収入源を想定して起業を考えてみましょう。

①コンサルフィー（業務委託費）や企画料
②もし不動産に絡めるのであれば不動産収入（賃料、成功報酬、仲介手数料など）
③サービス提供を通じた収入（高齢者施設であれば、食堂運営のサービスなど）
④施設の運営収入
⑤物販・物流
⑥ファンドを組成したときにはファンドマネジメントフィー

夢や理念がもてる事業計画を策定する

起業した場合、どのような事業をするのかの事業計画が大切です。事業は社会性のある、夢や理念を共有できるものであることが望ましいのです。

10年後、20年後、30年後の事業がどうなっているかなどを熱をもって伝えられる事業計画であることです。

数字目標だけではいけません。起業ビジョンや目標がないと事業を長く続けることは難しいのです。したがって、事業計画には、ビジョン、理念、夢を掲げる必要があります。

収入源について考える際には、いつ、いくら、どのような収入が見込めるのかを考えておきます。安定して利益を上げられる仕組みをつくったものがビジネスを勝ち抜けるのです。毎月安定した収入をランニングで得られるような事業モデルをはじめに構築しておきたいものです。

計数計画策定の際には1年から3年先の収入・支出を予測しておきます。支出には人件費、賃貸の場合の事務所賃料、事務用品、旅費、雑費のほか、借入返済、利払い、リース料などがあるでしょう。

また、資金繰りはたいへん重要です。売上げが上がっても、入金は2カ月後、3カ月後だったりして、お金がすぐには入ってこないこともあります。場合によっては、毎日の日繰りを見ていく必要もあります。損益では目に見えないところで資金に何か使っていないかも検討しておきます。

売上げが順調にいくパターンとまあまあのパターン、うまくいかないパターンなど、何パターンかの計画を策定しておく必要があります。失敗するケースには、当初想定したよりも収入・利益が上がらない、予定より経費が必要となるなどがあります。

実際に事業を始めてもプラスが見込めないのであれば、会社をたたむのも1つの方法です。利益が上がらないケースの場合、往々にして借入れが増えていく状態に陥ります。その場合は思い切って撤退することも検討してください。

●資本・出資による資金調達を考える

起業当初の資金繰りで考えておくべきことがあります。

起業時の資金確保策として、資本・出資による調達が一般的です。

スタート時から3カ月ぐらいは売上げが上がらないため、経費の支払いが先行しますが、どれぐらいの金額になるのか、このための銀行などでの借入れは返済可能かどうか、これらをしっかりと判断しておく必要があります。

設立時の借入れは、返済期間をできるだけ長く設定してください。一般的には、日本政策金融公庫や信用保証協会保証付融資などから借入れしますが、返済期間7年などと長めに借りておき、別途、複数の資金調達の方法を検討しておきましょう。

自己資金での起業や、知人・友人に出資者になってもらって起業するケースもあります。自己出資比率を高く維持するためには、友人・知人に資金を出してもらった場合でも創業者個人で借入れて自分名義で出資すると、自己出資比率を高く維持することができることを知っておいてください。

自分の株式持ち分比率には注意しておくことです。最低でも50％以上にする。できるだけ、株主としてすべての権利行使が可能となる66・7％以上でスタートすることをすすめます。

なお、上場をめざす会社の場合は設立当初は100％に近づけておくのが望ましいです。上場をめざすには、設立後、何回も増資をするケースが出てきます。創業者に資金がなく増資できない場合は他の会社から出資を受けることになります。すると、自分の出資比率がどんどん下がっていき、出資比率が低くなり、思いどおりに会社をコントロールできなくなる可能性もあります。増資は慎重に進めましょう。

◉起業時に借入れで資金調達を考える場合

起業する場合、さまざまな借入れによる資金調達が考えられます。

友人・知人から借りるのも1つの方法ですが、金融機関からお金を借りる場合が一般的でしょう。

創業時に活用できる融資制度として、金融機関からの借入れには日本政策金融公庫があり、さまざまな種類が揃っています。また、女性・若者／シニア起業家支援資金、再チャレンジ支援融資などもあります。その他、銀行借入れには信用保証協会保証付融資があります。あとは、私募債を発行するという方法。中小企業でも少人数の引き受け手を対象にした社債を発行できます。友人から資金サポートを仰ぐ際に、私募債を発行するケースもあります。

重要なことは、出資、借入れ、いずれの場合でも、相手が理解しやすい事業計画を作ること。1つや2つ断られてもあきらめないことです。

ツテも活用しましょう。紹介のほうが資金を調達できる確率は上がりますから。

あとは、資金の出し手の担当者次第で変わります。どこの地方でも、銀行、地銀、信用金庫がありますから、回ってみて駄目だったら別の金融機関に行ってみることをすすめます。事業に自信があるのであれば、けっしてあきらめないこと。

この他に、本章の冒頭でも紹介したように、補助金や助成金に頼る方法があります。募集内容、募集時期等、確認する必要がありますが、「中小企業基盤整備機構」の創業補助金制度では、上限200万円が出ます。補助金は返さなくていいお金ですから、ぜひ利用してみてください。

「資金助成費簡単検索サイト」(http://j-net21.smrj.go.jp/srch/navi/index.jsp)も確認してみましょう。

あまり知られていないのですが、生命保険の「契約者貸付制度」があります。これは、契約している生命保険の解約返戻金（借入可能額は70～90％）を担保にしてお金を貸してくれる制度です。活用できるかどうか、確認しましょう。

3　事業資金の捻出の仕方を考える

事業資金としての「ファンド」

資金集めの観点から事業の構築を考えてみると、資金を出してもらう側に「この事業で十分採算が取れる」ことを提示できないとお金が集まってきません。

それでは事業資金の捻出策として5つの方法を述べておきます。①ファンド（クラウドファンディング含む）、②借入れ（金融機関）、③出資（ベンチャーキャピタルその他）、④寄付金、⑤補助金・助成金等です。

その他、お金ではない資金として、不動産等現物を出してもらうこともあります。

①のファンド（クラウドファンディング含む）は、事業への賛同者から借りる資金の調達方法で、複数の投資家から集めた資金を事業・会社などに投資します。そして、事業会社が事業を通じて上げた利益の一部を配当として、投資家に分配するという仕組みになります。借入れとは違ってファンド側には配当、出資金の返還義務はないことを知っておいていただきたいと思います。

一例として、株式会社地域活性ファンドを取り上げてみます。まずファンドが出資者から出資を受けます。ファンドは出資で集めた資金を事業者に貸し付けます。事業者はこの貸付を資金の元手にして事業を行うものです。

たとえばファンドから借り入れたお金で高齢者住宅を建てて入居者が入ってくるというケース。収入源は入居者から得た賃料や管理費、その収入からファンドへ借入れを返済、金利等を支払う。ファンドは、得られた返済金や利息（運営経費などを差し引く）を、出資者に配当・元本の償還で資金を戻す。ファンドの総額は2億円。一口あたり10万円から募集。営業者報酬（ファンドマネジメントフィー）は営業収入の33％。募集期間、運用期間、分配金、配当の支払い時期、目標利回りは2％など、です。

ファンドを通じて資金調達する事業者は、配当を支払い、元本を償還するために安定的にお金＝利益を上げられることを示さないと出資を得られません。仕組みをつくるのは簡単ですが、出資者の信用・信頼に応えられるだけの事業構築が重要なのです。

当初に期待した利益が上がらない、結果として当初予定した配当は戻せない、となると、信用・信頼が得られません。

出資者はファンドにお金を出すにあたり、出した資金が返ってくる、配当も戻ってくる、と確信しないとファンドに出資しませんから、わかりやすい事業計画を提示する必要があります。

●──ファンドでの出資リスク

ファンドへ出資する際の出資者のおもなリスクは次のとおりです。

①対象事業への融資のリスク

事業がうまくいかなかった場合にはお金が返ってこない可能性があります。

②事業者の倒産に関するリスク

事業がうまくいかないなどでファンドがなりゆかなくなる場合や、資金を使い過ぎて運営ができなくなることもありえます。

③流動性リスク

上場企業の株と違いますから、出資した側が出資した人の権利を他の人に売りにくい面があります。対象事業の情報は限定されていますから、投資した出資持ち分を他の人に売ろうとしても買う側は事業の中身がわかりにくい可能性があり、売り先は限定されます。

●──ファンドを組成する方法

ファンドを自分で組成する場合には2つの方法があります。

1つめは、自分でファンドを組成する。

ファンド設立代行業者を活用するのではなく、自分でファンドを組成する場合は、自由設計が可能です。また、外注費は出ません。また、ファンドマネジメント報酬が自分で得られる可能性もあります。

しかし、デメリットとして、ファンドを運営する免許が必要であること、組成にあたり契約関連等事務が煩雑であることなど、手間ひまがかかります。

2つめは、既存のファンド会社に募集を手伝ってもらう。

契約のひな形やファンドを取り扱う免許などがすでにあるので時間を短縮できます。デメリットには、ファンドへの業務委託費等の支払いが発生すること、既存なので自由がきかない可能性もあるなどです。

ファンド設立代行業者は、ホームページを見ると「ファンド設立ドットコム」など多数あり、こういうところに依頼するのも1つの手です。本やインターネットで独学することも考えられます。

●——クラウドファンディングもある

ここ数年「クラウドファンディング」という資金調達方法をよく耳にします。

これは、銀行や投資家などの金融の専門家ではなく、おもに個人の、不特定多数の人から、インターネットなどを通じて資金調達を得る方法です。アメリカでは10億ドルぐらいのプロジェクトがありますが、日本では、数百万、多くても数千万円程度です。

crowd（群衆）と funding（資金調達）を組み合わせた造語をクラウドファンディングといい、基本的な仕組みは前述のファンドと似ています。

起業前や起業段階、企業としての信用力が低いときに活用するケースが多く、日本にも、クラウドファンディングを取り扱う運営会社があります。実例としては、被災地応援ファンド、醤油醸造ファンド、昆布巻きファンドなどがあります。

見知らぬ人にお金を出すわけですから、お金を集める側は、ただお金を出してくださいとお願いするだけではなく、商品や事業の可能性を正しく伝えること、出資者とともにプロジェクトを完成していく雰囲気をつくることなどが必要です。プロジェクトの進行中は出資したくなる、応援したくなる、という一体感や参加意識の醸成が重要になります。

今後、日本でも、クラウドファンディングが数千万、数億円単位のお金やもっと大きな金額を集められる仕組みになる可能性は十分にあります。クラウドファンディングを利用する場合の手続きはそれほど煩雑ではありません。まず、クラウドファンディングの運営会社に企画書等を提出し、運営会社の審査を通れば速やかにスタートできます。他の出資、借入れよりも時間的にはスムーズにできます。

4　それぞれの調達方法を考える

その他の調達方法を考える

前述のように、借入れによる調達方法があります。日本の金融機関は担保（不動産・預金等）や保証を重視します。借り手には信用力が重要ですから、信用力のある企業等に事業パートナーになってもらってお金を借りてもらう方法もあります。

起業したばかりの会社が金融機関からお金を借りるのは容易ではありません。不動産関連で資金調達する場合には、ＳＰＣ（特定目的会社）という、不動産のみを所有する会社を作り、借入れを通じて資金を調達する方法の「不動産ノンリコースローン」があります。その不動産から生じるキャッシュフローだけを返済原資とする借入れ方法で、通常の融資とは違って、1つの収益不動産に融資対象を限定して、そこから生み出される収益のみを返済原資とする融資方法です。

出資を受ける場合、出資を専門にする会社に「ベンチャーキャピタル」などがあります。その他、エンジェル（個人投資家）に出資を得る方法もあります。出資を得る場合、出資者に割り当てる株式にはさまざまな種類があります。普通株式の他に多様な種類の株式の発行が可能で、株の権利に部分制限をかけることができるもの、議決権をもたないもの、配当を通常より多くするものなどがあります。

各資金の調達方法を比較する

これら多様な資金調達を比較してみます。

まず、借入れは返済しなければならないこと、厳密な企業審査を受ける必要があるというデメリットが考えられます。

クラウドファンディングなどは審査が緩やかでいいのですが、クラウドファンディングやエンジェルなどのお金を出す側から考えると、回収できない、お金が返ってこない場合があります。資金調達を受ける事業者の側は、お金を出してくれる人が自分たちの事業をどう見ているかを意識しながら、具体的で実現可能な事業計画を作成し、提出する必要があります。

出資は資金調達のコストが高くなります。資金調達を受ける事業者の企業規模に応じた複数の資金調達を用意します。

事業を推進し資金調達をするために、助成金や補助金などや、ファンドの得意なところと組む方法、地元の金融機関と組む方法、不動産購入力がない場合は所有者から借りるという方法などがあります。いろいろな資金調達方法が考えられますから、比較検討することが重要です。

最後に調達方法をまとめておきましょう。

①まずどのような事業（収入源）で進めていくか、いつ、いくら必要なのかなどを十分検討する

②資金調達は複数の選択肢を用意すること、いろいろな資金調達の方法があることを理解しておく

③わからないことは自分の仮説をもって専門家に聞いてみる

資金調達の方法はこれまで述べてきたようにさまざまあります。新しく起業して「まちづくり・ひとづくり」のための事業を展開させるのか、または現存の事業の中に幅を広げて組み込むのか、それぞれのかたちがあるでしょう。

いずれにしても、事業を展開するうえで資金が必要になることはいうまでもありません。金融機関からの借入れは新規の企業はなかなかたいへんなことです。先に述べたように行政の助成金を申請して資金を得るのも1つの方法ですので考えてみましょう。また、志のある出資者を募って、事業への賛同を得て協力を仰ぐことも考えてみましょう。

終章

まちづくりのための「ひとづくり」

袖井 孝子

1 「人がいない」の声をよく聞く

●――ハード・ソフト両面に精通する人材

今日、職を求める人がたくさんいるにもかかわらず、どの業界においても、「人がいない」という言葉をよく耳にします。誰かが立てた計画に従って動く人はいるのですが、計画を立てる能力を備えた人が圧倒的に足らないのです。

まちづくりについても、ことは同じです。地方創生のかけ声にのって、たくさんの自治体がわれもわれもと名乗りをあげています。しかし、実際に「生涯活躍のまち基本計画（仮称）」を立てられる自治体職員は、それほど多くはいないようです。

かつて竹下登元首相は、「ふるさと創生事業」（1988～89年）と銘打って、各自治体に1億円を交付し、自治体の活性化を図ろうとしました。一部には、基金を設立して女性や青少年の活動を推進したところもありましたが、多くの自治体は、ハコモノをつくったり、イベントをしたり、温泉を掘ったり、金塊を購入することで終わってしまいました。中には、1億円を全額宝くじにつぎ込んだにもかかわらず、結果として1億円を割り込んでしまうという、まるでパロディのような自治体もありました。

地方創生に関連する交付金も、ふるさと創生の二の舞になるのでは、という懸念の声があります。そうならないためには、その地域の気候風土、歴史文化、産業構造、そして住民のニーズに合ったまちづくりに取り組まねばなりません。

「人は城、人は石垣、人は堀、情けは味方、仇は敵なり」と言ったのは戦国の武将・武田信玄です。堅牢な城よりも、人材が第一であると見抜いていた信玄は、実際に人の才能を見出し、たくみにそれを活用したといわれます。

まちづくり人材といえば、これまでは都市計画や建築などハードの専門家が中心でした。しかし、まちは、道路や橋や建物によってのみ構成されるのではなく、そこに住む人々とその暮らしによって成り立っているのです。

言い換えれば、ハード面だけでなく、ソフト面にも精通した人材が必要ということになります。こうした幅広い人材をいかにして養成するのかが、今後の大きな課題といっていいでしょう。

コミュニティにおけるアクションリサーチ

まちづくりに応用できる方法として、アクションリサーチがあります。アクションリサーチは、アメリカの社会心理学者K・レヴィンが1946年に、初めて提唱したと言われます。アクションリサーチの特徴は、特定の集団が直面する課題に対して、関係する人々が対等の立場で関与し、相互理解に基づく協働を通して課題解決にあたることにあります。

実証的研究の目的は、先行研究から導き出された命題に基づいて仮説を立て、主として統計的なデータを用いて仮説を検証し、その結果から一般化や普遍的な法則を見出すことにあります。

実証的研究では、研究者が特定の価値観を押しつけることなく、中立的な立場に立つことが求められます。それに対してアクションリサーチでは、一般化や普遍性よりも、課題を解決することによって、特定の集団にとってよりよい状態を創り出すことが狙いです。よりよい状態とは、その集団のメンバーにとっての最良の選択をすることであり、選択基準には価値判断が伴います。アクションリサーチでは、途中段階で何度も計画を見直し、軌道修正を行い、PDCAサイクル（計画→実行→点検→改善）を繰り返す循環型のプロセスをたどることになります。

アクションリサーチは、日本には高度経済成長期のころに取り入れられ、組織論や産業社会学などの領域で、職場における人間関係の改善や労働意欲の向上が図られました。その後、教育学の領域では、子どもの成績向上や学級の変化に、看護の領域では病棟における看護活動の改善に役立てられています。しかし、地域社会を対象としたアクションリサーチは、まだ始まったばかりです。

ＲＩＳＴＥＸ（社会技術研究開発センター）では、２０１０年から始まった「コミュニティで創る新しい高齢社会のデザイン」のプロジェクトにおいて、アクションリサーチを取り入れることを推奨しました。その一方、アクションリサーチ委員会（委員長・袖井孝子）を立ち上げ、その成果を『高齢社会のアクションリサーチ』（ＪＳＴ社会技術研究開発センター・秋山弘子編著、東京大学出版会、２０１５年）にまとめています。

コミュニティにおけるアクションリサーチでは、行政、自治会・町内会、商工会、ＮＰＯ団体などのステークホルダーが協働して、特定のコミュニティが解決を必要としている課題を発見し、その解決にあたります。

課題解決のためには、建物の改造・新設のような物理的環境の変化や組織の改編・創設のような社会的環境の変化を伴うことが少なくありません。関係する人々の間で利害が対立することもありうるでしょう。

アクションリサーチの最大の目的は、地域住民の生活の改善と住民自身の意識改革（エンパワメント）にあります。お仕着せのまちづくりではなく、住民が主体的にまちづくりに参画することによって、住民自身が変化するだけでなく、行政、商工会、自治会・町内会などもともに変化することが期待されます。

コミュニティにおけるアクションリサーチのプロセスは、①特定コミュニティで解決を要する課題の発見と分析、②解決のための方策の計画と体制づくり、③計画に即した解決策の実行、④解決策実行の過程と結果の評価、の4段階から成ります。各段階ごとに、見直し、修正を行い、時には前の段階に戻るという循環過程をたどります。

それぞれの段階についての詳しい説明は、『高齢社会のアクションリサーチ』に譲りますが、アクションリサーチを実施する際に、参加者に対してどのような注意を払うべきかをあげておきます。

①研究を始めるにあたって、研究に参加することによるマイナスの影響（時間を取られる、費用がかかる、時には人間関係に緊張が生ずるなど）も含めて、すべての情報を公開しなければならない

②アクションリサーチへの参加は、誰かに強制されるのではなく、あくまでも自由意思に基づくものであり、途中段階での参加や退出はさまたげられない

③グループ内人間関係はまったく対等であり、特定の人が全体を牛耳ることは許されない

④情報は共有され、発表する際には参加者の合意が必要である

⑤個人情報は保護され、プライバシーが侵害されることはない

●まちづくりの人材を育てるには

アクションリサーチを中心になって進める人、すなわちアクションリサーチャーには、科学的研究者としての知識、経験、洞察力に加えて、実践家としての能力や技術が求められます。実践家としては、多様なステークホルダーたちの自主的な参加を促し、彼らの関係を調整し、課題解決に向けてコミュニティに働きかけていくコミュニケーション能力や統率力が必要です。

関係者すべてと対等な関係を結ぶためには、幅広い包容力が必要であり、〝上から目線〟は絶対に避けなければなりません。アクションリサーチャーに求められるのは、誠実で率直な態度、我慢強く相手の話を聞く、人々の求めているものを把握する、場を支配しない、講義したり、批判したり、説教しないことです。

こうした資質は、〝まちづくり人材〟にも欠かせないものです。まちづくりに携わる人は、必ずしも科学的研究者である必要はありませんが、つねに冷静な目で現実をとらえ、特定の団体の圧力に負けないだけの強い意志をもたねばなりません。

計画の立案段階から関係者の意見に耳を傾け、できるだけ全員の合意を取りつけたうえで計画を策定し、実行するための組織を立ち上げ、参加者との協働作業を通じて、計画を実行し、途中段階において何度も見直し、修正を加えて、よりよいものに創り上げていくというプロセスは、まさにアクションリサーチそのものといっていいでしょう。

途中段階での見直しのためには、記録することが必要であることも、まちづくりとアクションリサーチは重なります。

まちづくりにおいて、新しい道路を敷いたり、建物を建てるとなると、地権者や建設業者との交渉が必要になります。中には、政治家に働きかけて、行政を動かす人も出てくるでしょう。まちづくり協議会のような新しい組織を立ち上げるとなると、町内会や自治体からの反発があるかもしれません。対立し、錯綜する利害とクレームに上手に対処することも、〝まちづくり人材〟に求められる能力です。

2　地方創生にとって不可欠な「ひとづくり」

◉──地域プロデューサーという仕事

〝まちづくり人材〟の一種に、「地域プロデューサー」があります。

地域プロデューサーとは、コミュニティネットワーク協会の高橋英與理事長が、15年ほど前から提唱しているまちづくりや地域おこしの専門家の名称です。

地域プロデューサーという名称は、公益社団法人日本青年会議所によっても同じように使われており、会員を対象に育成塾が開催されています。最近では東北大学大学院経済研究所・地域イノベーション研究センターも、学生を対象に地域プロデューサーの養成に乗り出しました。名称独占ではありませんので、それぞれ微妙な違いがあります。

高橋理事長によれば、地域プロデューサーとは、地域にある「ひと・もの・かね」などの資源を調整して未来図を描き、みずからリーダーとなって地域をデザインしていく、地域づくりのスペシャリストです。地域プロデューサーには、特別の才能は必要ない、才能をひけらかすのではなく、むしろその弱みをさらけ出し、「できません」「助けてください」

と率直に語ることのできる人こそ、地域プロデューサーにふさわしいと語っています。

こうした特徴を、高橋は、自身の挫折体験から学んだといいます。つまり、会社経営がうまくいかなかったとき、弱みをさらすことで、たくさんの人からの支援を得ることができました。〝上から目線〟では、誰もついてこないのです。

しかし、ただ弱いだけの人では、まちづくりを推進することはできません。次に大切なのは、必要なときには、何を優先すべきかを決められる決断力が欠かせません。決断力をもつことによって、たんなる調整役から地域を創設してゆくプロデューサーにランクアップできるのです。

さらに、他者と連携する能力が必要です。地域という作品を創り上げるためには、人々をまとめ、お金を調達しなければなりません。地域プロデューサーに求められるのは、住民、行政、地元企業などを結びつける調整能力です。外部からの新しい視角で既存のまちを捉え直し、NPOや中小企業を結びつけることによって、シャッター通りと化した商店街をよみがえらせるのも地域プロデューサーの仕事の1つです。

実際に、コミュニティネットでは、まちづくりに際して、地域プロデューサーが現地に住み込み、行政、地元企業、医療福祉関係者、地域住民などとの話し合いを重ね、住民のニーズにかなったまちづくりの実現を図っています。地域に住み込むことによって、地域の抱える問題点がより明確に把握できるだけでなく、住民からの信頼を得ることもできるのです。

これまでのところ、なぜか地域プロデューサーはすべて女性です。女性のほうが、コミュニケーション能力があり、交渉力に優れているのかもしれません。また、女性であることが、交渉相手の警戒心を和らげているということも考えられます。地域プロデューサーにおけるジェンダーの問題は、なかなか興味深いテーマです。

一般社団法人コミュニティネットワーク協会では、毎年、地域プロデューサー養成講座を開催しています。基礎的な養成講座の目標は、まず地域プロデューサーに必要な資質の基礎となる理念・知識・技術を習得することにあります。したがって、座学が中心になりますが、最終日には、現地の見学が取り入れられています。詳しい内容については、190ページの図表を参照してください。

さらにワンランク上のアドバンスコースでは、現場における研修を通して実践力を身につけ、実際に地域プロデューサーとして活動できる素地をつくることが期待されます。講座が狙いとする地域プロデューサーに求められる資質は次のようなものです。

①ビジョン構築＝まちづくりをどう考えるか創造性と総合的ビジョンをもつ
②問題解決能力＝実際の課題を解決するために行動する能力を身につける

2015 年 地域プロデューサー養成講座

◎地域プロデューサーとは？

持続可能なまちづくりの実現にむけて、自治体や企業、地元の住民、NPO などと連携しながら、地域創生事業、資金調達、人材の育成、自治体と市民とのコーディネートをする　など、さまざまな役割をもってプロデュースを行う“地域づくりのスペシャリスト”です。

◎対象者は？

・まちづくり実践の経験のある方
・まちづくり実践の指導・助言実務経験のある方
・参加型まちづくりに関心をもち、実践を目指す方
・当協会の賛助会員に加入して頂ける方（年会費 5,000 円）

◎共催：一般社団法人コミュニティネットワーク協会／東京家政学院大学

◉スケジュールは？

第1回　5月9日（土）10：00−17：00　会場：東京家政学院大学

◆オリエンテーション
・講座の狙いと背景（神井孝子・当協会会長、東京家政学院大学客員教授）
・協会の活動と事例紹介（近山恵子・当協会理事長／鏑木孝昭・当協会研究室長・主任研究員）
・参加者の自己紹介：これまでとこれから

◆地域プロデューサーとは（高橋英與・株式会社コミュニティネット代表取締役）

◆まちづくり基礎編・全国の事例
（岡田昭人・当協会常務理事、NPO 法人暮らしとまちづくり支援機構代表理事）

第2回　5月16日（土）10：00−17：00　会場：東京家政学院大学

◆まちづくりにおける行政の役割（木村清一・東京大学高齢社会機構、元柏市役所福祉部長）

◆まちづくりにおける企業の役割（白鳥俊・株式会社コミュニティネット企画開発部）

◆住民参加のまちづくり
（澤岡詩野・当協会理事、公益財団法人ダイヤ高齢社会研究財団主任研究員）

第3回　5月23日（土）10：00−17：00　会場：東京家政学院大学

◆まちづくりにおける NPO の役割
（辻利夫・当協会常務理事、認定 NPO 法人まちぽっと事務局長）

◆福祉のまちづくり（西口守・東京家政学院大学教授）

◆資金調達のノウハウ（戸田達喜・株式会社コミュニティネット専務取締役）

第4回　5月30日（土）10：00−18：00　会場：ゆいま～る中沢　多摩市中沢2-5-3

◆施設見学：高齢者福祉関連施設
（ゆいま～る中沢見学／サービス付き高齢者向け住宅、食堂・有料ショートステイ等）

◆施設見学：医療法人財団天翁会・新天本病院

◆医療と地域社会「安心して老い最後を迎えるための医療サービス」
（亀谷学・医療法人財団天翁会　あいクリニック中沢院長）

◆各自の報告と今後の計画について

◆修了式：修了証授与

③経営的視点＝コーディネート能力プラス事業責任をもつ現実的な視点を養う
④生活者的感性＝生活を主体とした個々人の生活スタイルに配慮する感性を養う
⑤交渉力＝資金の調達、利害調整、行政との交渉力をもつ
⑥状況対応力＝場の状況にもっともふさわしい対応ができる柔軟性を備える
⑦「参加型」を醸成する力＝ニーズを課題化し、資源を構造で捉え活用し、不足はみずからが実行し、マネジメントする力を養う

●まちづくりはひとづくり

まちづくりにとって、もっとも重要なのは人です。地域にある資源を活かし、ステークホルダーたちの関係を調整し、よりよい方向に向けて地域を動かしていく人材が今こそ求められているのです。

こうした幅広い知識・能力を備えた人材を短期間に育てることは困難です。ある程度の素質を備えた人を見出し、まちづくりのための知識や情報を伝え、フィールドワークを通して実践力を身につけることが必要です。まちづくりについて、これまでは、もっぱら建築学科や都市計画学科のような工学の分野で人材が育成されてきました。

しかし、これからは、社会科学や人文科学の知識をもった幅広い人材が求められます。

高知大学は２０１５年度から地域協働学部を発足させ、大正大学は２０１６年度から地域創生学部を発足させました。いずれもフィールドワークを中心に、地域を活性化し、新しい地域社会を築き上げる能力を備えた人材の育成をめざしています。今のところ、その成果は未知数ですが、地に足の着いた勉強をし、世の中に役立つ人材が育っていくことが期待されます。

大学生だけでなく、子どもたちにまちづくりの面白さを伝えることも必要でしょう。ＲＩＳＴＥＸ平成23年度採択のプロジェクト、大方潤一郎東京大学教授による「『仮設コミュニティ』で創る新しい高齢社会のデザイン」では、東日本大震災で家を流され仮設住宅に暮らす岩手県大槌町安渡地区の子どもたちに、自分たちが望む復興のまちを教室いっぱいに広げた地図の上に描かせました。

同じく平成24年度採択の佐藤滋早稲田大学教授による「広域避難者による多居住・分散型ネットワーク・コミュニティの形成」では、東京電力福島第一原子力発電所事故によって、二本松市に避難させられた浪江町の子どもたちと二本松の子どもたちが、一緒に遊びながら、現在と未来のまちについて考え、未来のまちの模型を創る活動を始めました。

こうした経験は、子どもたちの故郷に寄せる想いを強め、自分たちのまちを創り出すことへの期待感を高めるでしょう。「住民参加型まちづくり」への第一歩となるかもしれません。

２つのプロジェクトには、それぞれ東京大学と早稲田大学の若手研究者や学生たちが参加し、子どもたちの活動を支援しました。彼らの中から、将来のまちづくり人材が育っていくことが期待されます。

地方創生の成否は、モノやカネではなく、ヒトにかかっています。適切な人材を欠くプロジェクトでは、折角つぎ込んだ交付金も無駄になってしまいます。

〝まちづくり人材〟の育成こそ、地方創生にとって不可欠であり、将来にわたって継続しなければならない大きな課題なのです。

資料編

◆まち・ひと・しごと創生法案
　提案理由の要約

◆まち・ひと・しごと創生法（抄）

◆その他の関連法等

◆関連機関　information

まち・ひと・しごと創生法案提案理由の要約

（2014年9月29日に閣議決定／同年10月14日の第187回国会「地方創生に関する特別委員会」での石破茂・地方創生担当大臣の説明より）

まち・ひと・しごと創生法案及び地域再生法の一部を改正する法律案につきまして、その提案理由について、まち・ひと・しごと創生法案につきまして、その提案理由及び要旨を説明いたします。

わが国における急速な少子高齢化の進展に的確に対応し、日本全体、とくに地方の人口の減少に歯どめをかけるとともに、東京圏への人口の過度の集中を是正し、小さな村落から大都市まで、それぞれの地域で住みよい環境を確保して、将来にわたって活力ある日本社会を維持していくためには、国民1人ひとりが夢や希望を持ち、潤いのある豊かな生活を安心して営むことができる地域社会を形成すること、地域社会を担う個性豊かで多様な人材について、育成を含め確保を図ること及び地域における魅力ある多様な就業の機会を創出することの一体的な推進、すなわち、まち・ひと・しごと創生が重要となっております。

まち・ひと・しごと創生法律案は、このような観点から、まち・ひと・しごと創生について、基本理念、国等の責務、まち・ひと・しごと創生総合戦略の作成等について定めるとともに、まち・ひと・しごと創生本部を設置する等の措置を講ずるものであります。

まち・ひと・しごと創生法（抄）

（平成 26 年 11 月 28 日法律第 136 号）

第一章　総則

（目的）

第一条　この法律は、我が国における急速な少子高齢化の進展に的確に対応し、人口の減少に歯止めをかけるとともに、東京圏への人口の過度の集中を是正し、それぞれの地域で住みよい環境を確保して、将来にわたって活力ある日本社会を維持していくためには、国民一人一人が夢や希望を持ち、潤いのある豊かな生活を安心して営むことができる地域社会の形成、地域社会を担う個性豊かで多様な人材の確保及び地域における魅力ある多様な就業の機会の創出を一体的に推進すること（以下「まち・ひと・しごと創生」という。）が重要となっていることに鑑み、まち・ひと・しごと創生について、基本理念、国等の責務、政府が講ずべきまち・ひと・しごと創生に関する施策を総合的かつ計画的に実施するための計画（以下「まち・ひと・しごと創生総合戦略」という。）の作成等について定めるとともに、まち・ひと・しごと創生本部を設置することにより、まち・ひと・しごと創生に関する施策を総合的かつ計画的に実施することを目的とする。

（基本理念）

第二条　まち・ひと・しごと創生は、次に掲げる事項を基本理念として行われなければならない。

一　国民が個性豊かで魅力ある地域社会において潤いのある豊かな生活を営むことができるよう、それぞれの地域の実情に応じて環境の整備を図ること。

二　日常生活及び社会生活を営む基盤となるサービスについて、その需要及び供給を長期的に見通しつつ、かつ、地域における住民の負担の程度を考慮して、事業者及び地域住民の理解と協力を得ながら、現在及び将来におけるその提供の確保を図ること。

三　結婚や出産は個人の決定に基づくものであることを基本としつつ、結婚、出産又は育児についての希望を持つことができる社会が形成されるよう環境の整備を図ること。

四　仕事と生活の調和を図ることができるよう環境の整備を図ること。

五　地域の特性を生かした創業の促進や事業活動の活性化により、魅力ある就業の機会の創出を図ること。

六　前各号に掲げる事項が行われるに当たっては、地域の実情に応じ、地方公共団体相互の連携協力による効率的かつ効果的な行政運営の確保を図ること。

七　前各号に掲げる事項が行われるに当たっては、国、地方公共団体及び事業者が相互に連携を図りながら協力するよう努めること。

（国の責務）

第三条　国は、前条に定める基本理念（以下「基本理念」という。）にのっとり、まち・ひと・しごと創生に関する施策を総合的かつ計画的に策定し、及び実施する責務を有する。

2　国の関係行政機関は、まち・ひと・しごと創生に関する施策の効率的かつ効果的な実施が促進されるよう、相互に連携を図りながら協力しなければならない。

3　国は、地方公共団体その他の者が行うまち・ひと・しごと創生に関する取組のために必要となる情報の収集及び提供その他の支援を行うよう努めなければならない。

4　国は、教育活動、広報活動その他の活動を通じて、まち・ひと・

しごと創生に関し、国民の関心と理解を深めるよう努めなければならない。

（地方公共団体の責務）

第四条　地方公共団体は、基本理念にのっとり、まち・ひと・しごと創生に関し、国との適切な役割分担の下、地方公共団体が実施すべき施策として、その地方公共団体の区域の実情に応じた自主的な施策を策定し、及び実施する責務を有する。

（事業者の努力）

第五条　事業者は、基本理念に配意してその事業活動を行うとともに、国又は地方公共団体が実施するまち・ひと・しごと創生に関する施策に協力するよう努めなければならない。

（国民の努力）

第六条　国民は、まち・ひと・しごと創生についての関心と理解を深めるとともに、国又は地方公共団体が実施するまち・ひと・しごと創生に関する施策に協力するよう努めるものとする。

（法制上の措置等）

第七条　国は、まち・ひと・しごと創生に関する施策を実施するため必要な法制上又は財政上の措置その他の措置を講ずるものとする。

第二章　まち・ひと・しごと創生総合戦略

第八条　政府は、基本理念にのっとり、まち・ひと・しごと創生総合戦略を定めるものとする。

2　まち・ひと・しごと創生総合戦略は、次に掲げる事項について定めるものとする。

一　まち・ひと・しごと創生に関する目標

二　まち・ひと・しごと創生に関する施策に関する基本的方向

三　前二号に掲げるもののほか、政府が講ずべきまち・ひと・しご

と創生に関する施策を総合的かつ計画的に実施するために必要な事項

3　まち・ひと・しごと創生本部は、まち・ひと・しごと創生総合戦略の案を作成するに当たっては、人口の現状及び将来の見通しを踏まえ、かつ、第十二条第二号の規定による検証に資するようまち・ひと・しごと創生総合戦略の実施状況に関する客観的な指標を設定するとともに、地方公共団体の意見を反映させるために必要な措置を講ずるものとする。

4　内閣総理大臣は、まち・ひと・しごと創生本部の作成したまち・ひと・しごと創生総合戦略の案について閣議の決定を求めるものとする。

5　内閣総理大臣は、前項の規定による閣議の決定があったときは、遅滞なく、まち・ひと・しごと創生総合戦略を公表するものとする。

6　政府は、情勢の推移により必要が生じた場合には、まち・ひと・しごと創生総合戦略を変更しなければならない。

7　第三項から第五項までの規定は、まち・ひと・しごと創生総合戦略の変更について準用する。

第三章　都道府県まち・ひと・しごと創生総合戦略及び市町村まち・ひと・しごと創生総合戦略

（都道府県まち・ひと・しごと創生総合戦略）

第九条　都道府県は、まち・ひと・しごと創生総合戦略を勘案して、当該都道府県の区域の実情に応じたまち・ひと・しごと創生に関する施策についての基本的な計画（以下「都道府県まち・ひと・しごと創生総合戦略」という。）を定めるよう努めなければならない。

2　都道府県まち・ひと・しごと創生総合戦略は、おおむね次に掲げる事項について定めるものとする。

一　都道府県の区域におけるまち・ひと・しごと創生に関する目標
二　都道府県の区域におけるまち・ひと・しごと創生に関し、都道府県が構ずべき施策に関する基本的方向
三　前二号に掲げるもののほか、都道府県の区域におけるまち・ひと・しごと創生に関し、都道府県が講ずべき施策を総合的かつ計画的に実施するために必要な事項

3　都道府県は、都道府県まち・ひと・しごと創生総合戦略を定め、又は変更したときは、遅滞なく、これを公表するよう努めるものとする。

（市町村まち・ひと・しごと創生総合戦略）

第十条　市町村（特別区を含む。以下この条において同じ。）は、まち・ひと・しごと創生総合戦略（都道府県まち・ひと・しごと創生総合戦略が定められているときは、まち・ひと・しごと創生総合戦略及び都道府県まち・ひと・しごと創生総合戦略）を勘案して、当該市町村の区域の実情に応じたまち・ひと・しごと創生に関する施策についての基本的な計画（次項及び第三項において「市町村まち・ひと・しごと創生総合戦略」という。）を定めるよう努めなければならない。

2　市町村まち・ひと・しごと創生総合戦略は、おおむね次に掲げる事項について定めるものとする。

一　市町村の区域におけるまち・ひと・しごと創生に関する目標
二　市町村の区域におけるまち・ひと・しごと創生に関し、市町村が講ずべき施策に関する基本的方向
三　前二号に掲げるもののほか、市町村の区域におけるまち・ひと・しごと創生に関し、市町村が講ずべき施策を総合的かつ計画的に実施するために必要な事項

3　市町村は、市町村まち・ひと・しごと創生総合戦略を定め、又は変更したときは、遅滞なく、これを公表するよう努めるものとする。

第四章　まち・ひと・しごと創生本部（省略）

附　則

（施行期日）

1　この法律は、公布の日から施行する。ただし、第二章から第四章までの規定は、公布の日から起算して一月を超えない範囲内において政令で定める日から施行する。

（検討）

2　政府は、この法律の施行後五年以内に、この法律の施行の状況について検討を加え、その結果に基づいて必要な措置を講ずるものとする。

附　則（平成二七年九月一一日法律第六六号）　抄

（施行期日）

第一条　この法律は、平成二十八年四月一日から施行する。

【まち・ひと・しごと創生本部】

〒100-8968　東京都千代田区永田町 1-6-1　中央合同庁舎第８号館
TEL:03-5253-2111（大代表）
http://www.kantei.go.jp/jp/singi/sousei/info/

その他の関連法等

①まちづくり三法
〔国土交通省　http://www.mlit.go.jp/crd/index/outline/〕
改正都市計画法 /1998 年・国土交通省、大規模小売店舗立地法 /2000 年・経済産業省、中心市街地活性化法（中心市街地における市街地の整備改善と商業等の活性化の一体的推進に関する法律）/1998 年・2006 年改正・内閣の３法です。

②都市計画法
〔国土交通省 HP　http://www.mlit.go.jp/common/000029198.pdf〕
都市の健全な発展と秩序ある整備を図り、国土の均衡ある発展と公共の福祉の増進に寄与することを目的とする法律です。

③歴史まちづくり法（地域における歴史的風致の維持及び向上に関する法律）〔国土交通省　http://www.mlit.go.jp/common/000170477.pdf〕
良好な市街地の環境（歴史的風致）を維持･向上を図るための法律です。

④自治基本条例
〔NPO 法人公共政策研究所「全国の自治基本条例一覧」http://koukyou-seisaku.com/policy3.html〕
地方自治法第２編第３章（第 14 条～第 16 条）により、都道府県･市町村・特別区は、条例を制定することができます。名称は参照のように、まちづくり基本条例、協働のまちづくり基本条例など、さまざまです。

関連機関　information

一般社団法人移住・交流推進機構（JOIN）
〒103-0027 東京都中央区日本橋2-3-4　日本橋プラザビル13F
一般財団法人地域活性化センター内
TEL.03-3510-6581
ニッポン移住・交流ナビ http://www.iju-join.jp

移住・交流情報ガーデン
〒104-0031 東京都中央区京橋1丁目1-6　越前屋ビル1F
TEL.03-3548-8190
全国移住ナビ https://www.iju-navi.soumu.go.jp/ijunavi

一般財団法人高齢者住宅財団
〒104-0032 東京都中央区八丁堀2-20-9　京橋第八長岡ビル4F
TEL.03-3206-6437
http://www.koujuuzai.or.jp

一般社団法人生涯活躍のまち推進協議会
生涯活躍のまち移住促進センター
〒103-0028 東京都中央区八重洲1-5-15　田中八重洲ビル5F
TEL.0120-154-732
http://iju-center.jp

一般社団法人コミュニティネットワーク協会
〒100-0006 東京都千代田区有楽町1-7-1　有楽町電気ビル南館5F
TEL.03-6256-0570
http://www.conet.or.jp

一般社団法人移住・住みかえ支援機構（JTI）
〒102-0093 東京都千代田区平河町1-7-20　平河町辻田ビル5Ｆ
TEL.03-5211-0757
http://www.jt-i.jp

社会福祉法人佛子園
〒924-0024 石川県白山市北安田町548番地2
TEL.076-275-0616
http://www.bussien.com

社会福祉法人愛知たいようの杜
〒480-1148 愛知県長久手市根嶽1201
TEL.0561-63-2739
http://gojikaramura.jp

公益社団法人青年海外協力協会（JOCA）
〒102-0082 東京都千代田区一番町23番地3　日本生命一番町ビル5F
TEL.03-6261-0261（代表）
http://www.joca.or.jp

認定NPO法人ふるさと回帰支援センター
〒100-0006 東京都千代田区有楽町2-10-1　東京交通会館5・6F
TEL.03-6273-4401
http://www.furusatokaiki.net

株式会社コミュニティネット
〒100-0006 東京都千代田区有楽町1-7-1　有楽町電気ビル南館5F
TEL.03-6256-0574
http://c-net.jp

著者一覧

袖井孝子《そでいたかこ》（序章、終章：お茶の水女子大学名誉教授・
コミュニティネットワーク協会会長）

編者紹介参照

佐藤《さとう》　滋《しげる》（1章：早稲田大学理工学術院教授）

早稲田大学都市・地域研究所所長、工学博士・都市計画家。まちづくりシミュレーション手法など、住民参加によるまちづくりの方法の技術開発に取り組む。2014年度に「大隈記念学術褒賞 大隈学術記念賞」を受賞

木村清一《きむらせいいち》（2章：東京大学高齢社会総合研究機構）

千葉県柏市健康推進課長、高齢者支援課長、保健福祉部長の在任中に柏プロジェクトを手掛けて2011年3月退職。同年4月に東京大学高齢社会総合研究機構学術支援専門職員として長寿社会のまちづくりに従事

高橋英與《たかはしひでよ》（3章：コミュニティネットワーク協会理事長）

1987年㈱生活科学研究所（現在の社名：㈱生活科学運営）設立。2006年㈱コミュニティネット代表取締役就任。自立型高齢者向け住宅「ゆいま～るシリーズ」を拠点とし、福祉の視点からまちづくりを展開

辻《つじ》　利夫《としお》（4章：認定NPO法人まちぽっと理事）

コミュニティネットワーク協会常務理事、おもな著書『新時代の都市計画2/市民社会とまちづくり』（共著、ぎょうせい）『はじめませんか！もうひとつの住まい方・時代を先取りした70の事例集』（共著、HALA）

澤岡詩野《さわおかしの》（5章：公益財団法人ダイヤ高齢社会研究財団主任研究員）

東京農業大学、法政大学非常勤講師。東京工業大学社会理工学研究科社会工学専攻博士後期課程修了、博士（工学）。東京理科大学工学部経営工学科助手を経て現職。専門は老年社会学、まちづくり

戸田達喜《とだたつき》（6章：株式会社コミュニティネット専務取締役）

銀行（メガバンク）に10年勤務し、企業審査、企画部門、海外支店に勤務。銀行退職後、ファンド会社に転職、財務アドバイスに特化した会社を経営。2013年8月㈱コミュニティネットに入社

《編著者紹介》

袖井 孝子（そでい・たかこ）

1938年生まれ。国際基督教大学卒業，カリフォルニア大学ロサンゼルス校修士，東京都立大学大学院博士課程修了，淑徳短期大学専任講師，東京都老人総合研究所を経て，1975年よりお茶の水女子大学に勤務ののち，現在，お茶の水女子大学名誉教授，東京家政学院大学客員教授。一般社団法人コミュニティネットワーク協会会長，一般社団法人シニア社会学会会長，NPO 法人高齢社会をよくする女性の会副理事長を務める。
著書に『高齢者は社会的弱者なのか』（ミネルヴァ書房），『女の活路 男の末路』（中央法規出版）などがある。

「地方創生」へのまちづくり・ひとづくり

2016年 7 月 5 日　初版第 1 刷発行　〈検印省略〉

定価はカバーに
表示しています

編 著 者	袖 井 孝 子
発 行 者	杉 田 啓 三
印 刷 者	藤 森 英 夫

発行所 株式会社 ミネルヴァ書房
607-8494 京都市山科区日ノ岡堤谷町 1
電話代表 (075)581-5191
振替口座 01020-0-8076

亜細亜印刷

ISBN978-4-623-07700-7
Printed in Japan